主编 周萍华 王建刚

《初级会计学》
学习指导

（第二版）
SECOND EDITION

LEARNING GUIDE FOR PRELIMINARY ACCOUNTING

经济管理出版社
ECONOMY & MANAGEMENT PUBLISHING HOUSE

图书在版编目(CIP)数据

《初级会计学》学习指导/周萍华,王建刚主编.—2
版.—北京:经济管理出版社,2008.6
ISBN 978－7－5096－0252－2

Ⅰ.初…　Ⅱ.①周…②王…　Ⅲ.会计学－自学
参考资料　Ⅳ.F230

中国版本图书馆 CIP 数据核字(2008)第 066694 号

出版发行:**经济管理出版社**

北京市海淀区北蜂窝 8 号中雅大厦 11 层

电话:(010)51915602　　邮编:100038

印刷:北京银祥印刷厂　　　　　经销:新华书店

组稿编辑:胡翠平　　　　责任编辑:张洪林　胡翠平

技术编辑:蒋　方　　　　责任校对:超　凡

787mm×960mm/16　　　　13.25 印张　　187 千字

2008 年 6 月第 2 版　　　2008 年 6 月第 2 次印刷

印数:7001－12000 册　　　　定价:25.00 元

书号:ISBN 978－7－5096－0252－2/F·245

第二版前言

本书是作为《初级会计学》(第二版)(周萍华、王建刚主编,经济管理出版社 2008 年 6 月版)配套学习用书编写的,适合在校生使用,也可以作为教师的参考用书。

初级会计学是会计学专业的基础课,我们本着必要、够用、易学的原则,让学生比较全面、系统地理解和掌握会计的基本理论、基本知识和基本方法。

本书与《初级会计学》(第二版)的分章体例完全一致,每章内容相应为学习目的、要求及重点内容,重要概念及复习思考题,自测练习题及参考答案。书中还提供了 5 套模拟试卷及参考答案,以及学习本课程的阅读参考书目。

本书由周萍华、王建刚任主编,程昔武、刘锦妹、丁和平、孙明任副主编。周萍华、王建刚提出编写大纲,并对全书初稿进行了修改与总纂。各章撰写的分工如下:周萍华执笔第一章;王建刚执笔第二章;刘锦妹执笔第三章;李宏、张丽英执笔第四章;田园执笔第五章;孙明执笔第六章;裘丽娅执笔第七章;丁和平执笔第八章;张一平执笔第九章;王德礼执笔第十章;王宏昌执笔第十一章;程昔武执笔第十二章;周萍华执笔模拟试卷及参考答案。陈玲、高利芳、石怀旺、甘亚蓉、唐玮协助主编进行了初稿的核对。

编写这样一本学习指导书,是作者根据多年来的教学实践所做的一次新的尝试,如通过使用本书对读者学习本课程有所帮助,我们将十分高兴。本书的编写得到了安徽省教育厅、安徽财经大学的大力支持与帮助,在此表示感谢。由于水平有限,缺点在所难免,敬请读者不吝指正。

周萍华　王建刚

2008 年 4 月

前　言

本书是作为《初级会计学》(周萍华、王建刚主编,经济管理出版社 2006 年 2 月版)配套学习用书编写的,适合在校生使用,也可以作为教师的参考用书。

初级会计学是会计学专业的基础课,我们本着必要、够用、易学的原则,既不过多地阐述会计理论,也不过分烦琐地介绍会计实务,既讲怎么做,又讲如何做,突出了应用性、实践性和新颖性。本课程的教学目的是使学生比较全面、系统地理解和掌握会计的基本理论、基本知识和基本方法。本书正是为达到这一教学目的而编写的。

本书具有以下两个特点:第一,内容新颖。本书的撰写是基于长期教学经验的积累和对最新会计改革系列成果的良好把握,并参照最新的《企业会计准则》和《企业会计制度》编写的,从而使会计实务内容更具规范性和权威性。第二,体系完善。本书与《初级会计学》的分章体例完全一致,每章内容相应为学习目的、要求及重点内容,重要概念及复习思考题,自测练习题及参考答案。书中还提供了 5 套模拟试卷及参考答案,以及学习本课程的阅读参考书目。

本书由周萍华、王建刚任主编,程昔武、刘锦妹、丁和平、孙明任副主编。周萍华、王建刚提出编写大纲,并对全书初稿进行了修改与总纂。各章撰写的分工如下：周萍华执笔第一章；王建刚执笔第二章；刘锦妹执笔第三章；李宏、张丽英执笔第四章；田园执笔第五章；孙明执笔第六章；裘丽娅执笔第七章；丁和平执笔第八章；张一平执笔第九章；王德礼执笔第十章；王宏昌执笔第十一章；程昔武执笔第十二章；周萍华执笔模拟试卷及参考答案。陈玲、高利芳、石怀旺、甘亚蓉、周显协助主编进行了初稿的核对。

编写这样一本学习指导书，是作者根据多年来的教学实践所做的一次新的尝试，如通过使用本书对读者学习本课程有所帮助，我们将十分高兴。由于水平有限，缺点在所难免，敬请读者不吝指正。

周萍华　　王建刚

2006 年 4 月

目　录

第一章 总 论

一、学习目的和要求

通过本章学习,在了解会计产生与发展的基础上,明确会计目标与会计对象的基本内容,理解会计定义;熟练掌握会计基本职能、会计核算的基本前提和会计信息的质量要求;熟悉会计方法体系;掌握会计核算的基本程序。

二、重点内容

(一)会计的产生与发展的三个阶段

1. 古代会计阶段

指复式记账法出现以前这一段漫长的时期。其特点是:会计以实物和货币作为计量单位,作为生产职能的附带部分,以官厅会计为主,会计核算采用单式记账。

2. 近代会计阶段

从运用复式簿记开始的。近代会计发展史上的两个里程碑：第一，复式簿记的产生；第二，1854 年在英国成立了世界上第一个会计师协会——爱丁堡会计师公会。

3. 现代会计阶段

指 20 世纪 50 年代以后。在这阶段的主要标志是，财务会计与管理会计分离和会计电算化的出现。

(二)会计的基本职能

1. 会计核算(反映职能)

主要特点是：会计核算以货币为主要计量尺度，从价值量上反映各单位的经济活动状况；会计核算具有完整性、连续性和系统性；会计核算要对各单位经济活动的全过程进行反映。

2. 会计监督

主要特点是：会计监督主要是通过价值指标来进行；会计监督要对单位经济活动的全过程进行监督，包括事后监督、事中监督及事前监督；会计监督的依据是合法性及合理性。

会计的核算职能与监督职能是相辅相成的，只有在对经济业务活动进行正确核算的基础上，才可能提供可靠资料作为监督依据；同时，也只有搞好会计监督，保证经济业务按规定的要求进行，并且达到预期的目的，才能发挥会计核算的作用。

(三)会计目标与会计对象

1. 会计目标

提供满足会计信息使用者需要的信息，有助于使用者作出经济决策，并反映管理层受托责任的履行情况。

2. 会计对象

指社会再生产过程中主要以货币表现的经济活动,即企业和行政事业单位中以货币表现的经济活动——资金运动。

(四)会计含义

会计是以货币为主要计量单位,对企业和行政事业单位的经济活动进行连续、系统、全面综合地核算和监督,为使用者提供有用会计信息的一种经济管理活动。

(五)会计核算的基本前提

1. 会计主体

会计主体是指会计核算服务的对象或者说是会计人员进行核算(确认、计量、报告)和监督的特定单位。会计主体可以是一个企业,也可以是由若干家企业组成的集团公司。会计主体与企业法人不同。会计主体是对会计核算和监督进行空间活动范围的界定。

我国《企业会计准则——基本准则》第五条:企业应当对其本身发生的交易或者事项进行会计确认、计量和报告。

2. 持续经营

持续经营是指会计核算应当以企业持续、正常的生产经营活动为前提,而不考虑企业是否将破产清算。它明确了会计工作的时间范围。这一前提使会计原则建立在非清算基础之上,为解决常见的资产计价和收益确定提供了基础。

我国《企业会计准则——基本准则》第六条:企业会计确认、计量和报告应当以持续经营为前提。

3. 会计分期

会计分期是指把企业持续不断的生产经营过程,人为地划分为间隔相等、首尾相接的会计时段,每一时段为一会计期间,以便分期结算账目和编制会计报表。会计期间主要指会计年度。会计年度确定后,再确定半年度、会计季度和会计月份。

我国《企业会计准则——基本准则》第七条:企业应当划分会计期间,分期结算账目和编制财务会计报告。会计期间分为年度和中期。中期是指短于一个完整的会计年度的报告期间。

4. 货币计量

货币计量是指会计主体在会计核算过程中采用货币作为主要计量单位,综合反映会计主体的经营情况。采用货币计量时,还必须确定记账本位币。并假定货币本身的价值稳定不变,或者变动的幅度不大。

我国《企业会计准则——基本准则》第八条:企业会计应当以货币计量。

(六)会计基础——权责发生制

企业会计的确认、计量和报告应当以权责发生制为基础。权责发生制基础要求,凡是当期已经实现的收入和已经发生或应当负担的费用,不论款项是否收付,都应当作为当期的收入和费用;凡是不属于当期的收入和费用,即使款项已在当期收付,也不应当作为当期的收入和费用。与权责发生制相对应的是收付实现制。

我国《企业会计准则——基本准则》第九条:企业应当以权责发生制为基础进行会计确认、计量和报告。

(七)会计信息质量要求

1. 可靠性

可靠性是指企业应当以实际发生的交易或者事项为依据进行会计确认、计量和报告,如实反映符合确认和计量要求的各项会计要素及其他相关信息,保证会计信息真实可靠、内容完整。

2. 相关性

企业提供的会计信息应当与财务会计报告使用者的经济决策需要相

关,有助于财务会计报告使用者对企业过去、现在或者未来的情况作出评价或者预测。会计信息的相关性取决于其预测价值和反馈价值。

3. 可理解性

可理解性是指企业提供的会计信息应当清晰明了,便于财务会计报告使用者理解和使用。

4. 可比性

可比性是指企业提供的会计信息应当相互可比。它包括:同一企业不同时期发生的相同或者相似的交易或者事项,应当采用一致的会计政策,不得随意变更,确需变更的,应当在附注中说明(同一企业不同时期会计信息的纵向可比);不同企业发生的相同或者相似的交易或者事项,应当采用规定的会计政策,确保会计信息口径一致、相互可比(两个企业之间会计信息的横向可比)。

5. 实质重于形式

实质是指交易或事项的经济实质,形式是指交易或事项的法律形式。实质重于形式是指企业应当按照交易或者事项的经济实质进行会计确认、计量和报告,不应仅以交易或者事项的法律形式为依据。

6. 重要性

重要性是指企业提供的会计信息应当反映与企业财务状况、经营成果和现金流量等有关的所有重要交易或者事项。重要性根据会计人员的职业判断确定。确定的标准通常有两个方面:项目的性质,提供的会计信息对决策者的决策有影响;金额的大小,某一交易或事项的金融占该类金额较大的比例。

7. 谨慎性

谨慎性是指企业对交易或者事项进行会计确认、计量和报告应当保持应有的谨慎,不应高估资产或者收益,低估负债或者费用。谨慎性的应用也不允许企业设置秘密准备。

8. 及时性

及时性是指企业对于已经发生的交易或者事项,应当及时进行会计确认、计量和报告,不得提前或者延后。

(八)会计方法

会计方法是用来核算和监督会计对象,实现会计目标的手段。包括会计核算方法、会计分析方法和会计检查方法。

(九)会计核算方法

其基本程序分为确认、计量和报告三个环节,每个环节均有相应的方法。

1. 会计确认

会计确认包括四个基本原则:可定义性、可计量性、计量的相关性、计量的可靠性。

会计确认依据的具体标准是会计规范。

会计确认包括初始确认和再确认。

2. 会计计量

会计计量包括确定计量尺度和选择计量属性两个问题。

计量尺度:以货币为主要计量尺度,同时应用实物计量和时间计量(劳动计量)等计量尺度为辅助计量尺度。以货币为主要计量尺度,假设币值稳定或币值不变。在持续恶性通货膨胀的条件下,必须选择一般购买力单位作为会计计量单位尺度。

计量属性:会计计量属性主要包括:历史成本、重置成本、可变现净值、现值和公允价值。

3. 会计报告

会计报告是将经过综合性再加工后总括反映会计主体财务状况、经营成果和现金流量的会计信息,以特定的内容与形式,提供给相关使用者的书面文件。

会计报告按报送的对象不同可分为对外会计报告和对内会计报告。

会计核算的基本程序在具体的会计实务中表现为填制和审核会计凭证、登记账簿和编制会计报表。这三个环节在每一会计期间周而复始不断地进行,称为会计循环。

一个会计循环主要包括以下一系列的方法:设置账户、复式记账、填制和审核凭证、登记账簿、成本计算、财产清查、编制会计报表七种方法。这些方法相互联系,密切配合,组成一个完整的体系,在会计核算工作中,必须正确地运用这些方法。对于日常发生的每笔经济业务,要填制审核凭证,并以此为依据,按照规定的账户,对经济业务进行分类,应用复式记账法,在有关账簿中进行登记,对经营过程中发生的各项费用,应定期进行成本计算,通过财产清查,在保证账实相符的基础上,根据账簿记录,定期编制会计报表。

重要概念及复习思考题

一、重要概念

1. 会计
2. 会计核算
3. 会计监督
4. 会计对象
5. 会计主体
6. 持续经营
7. 会计分期
8. 货币计量
9. 权责发生制
10. 可靠性
11. 相关性
12. 可比性
13. 实质重于形式
14. 重要性
15. 谨慎性
16. 会计核算方法
17. 会计分析方法
18. 会计检查方法
19. 会计确认
20. 会计计量
21. 会计报告
22. 初始确认
23. 再确认
24. 会计循环

二、复习思考题

1. 会计产生和发展过程中受到哪些重大事项影响？

2. 会计的基本职能有哪些？它们各自有哪些特点？

3. 什么是会计目标？它包括哪些内容？

4. 如何理解会计的一般对象？企业会计对象的具体内容包括哪些方面？

5. 如何理解会计核算的基本前提？它包括哪些内容？

6. 什么是货币计量？我国对记账本位币的规定有哪些？

7. 权责发生制和收付实现制的区别主要有哪些？

8. 会计信息质量的要求包括哪些内容？

9. 什么是谨慎性？哪些具体会计方法体现了谨慎性的要求？

10. 什么是重要性？如何判断交易和事项重要性？

11. 什么是会计方法？会计方法体系由哪几部分组成？

12. 什么是会计核算方法？其基本程序由哪几个步骤组成？

13. 什么是会计确认？会计确认的原则、依据和步骤是什么？

14. 什么是会计计量？计量属性包括哪些？

15. 什么是会计循环？一个会计循环包括哪些方法？它们之间存在哪些关系？

自测练习题及参考答案

一、单项选择题

1. 按照权责发生制,下列项目中不属于本期费用的有（　　　）。

　　A. 以银行存款支付下季度报纸杂志费

B. 本期应摊以前月份支付的财产保险费

C. 预提本月银行借款利息

D. 职工张三报销差旅费

2. 按照权责发生制,下列项目中属于本期收入的有( )。

    A. 赊销产品,货款尚未收到   B. 预收某公司货款

    C. 收回某企业前欠货款   D. 收到出租包装物押金

3. 不同企业发生的相同或者相似的交易或者事项,应当采用规定的会计政策,符合的是( )。

    A. 可比性原则   B. 重要性原则

    C. 谨慎性原则   D. 相关性原则

4. 从核算效益看,对所有会计事项不分轻重主次和繁简详略,采取完全相同方法,不符合( )。

    A. 可理解性   B. 谨慎性

    C. 相关性   D. 重要性

5. 近代会计起源的标志是( )。

    A. 会计从生产职能中分离出来,成为一种独立的职能

    B. 管理会计的形成

    C. 从单式记账过渡到复式记账

    D. 剩余产品的出现

6. 固定资产的加速折旧法体现了( )。

    A. 重要性   B. 谨慎性

    C. 可比性   D. 可靠性

7. 会计的基本职能是( )。

    A. 核算和分析   B. 分析和调节

    C. 预测和决策   D. 核算和监督

8. 会计人员运用职业判断,依据一定的标准,辨认和确定特定会计主体中发生的交易和事项是否可以转化为特定期间的会计信息,以及确定其所属的会计要素类别的过程,称为( )。

    A. 会计确认　　　　　　　　B. 会计计量

    C. 会计记录　　　　　　　　D. 会计报告

9. 会计对象是指社会再生产过程中的（　　）。

    A. 全部经济活动

    B. 能以货币表现的经济活动

    C. 生产过程中的经济活动

    D. 供应过程、生产过程、销售过程中的经济活动

10. 会计核算上所使用的折旧、递延等会计方法，都是建立在（　　）基础上的。

    A. 会计主体　　　　　　　　B. 会计分期

    C. 权责发生制　　　　　　　D. 货币计量

11. 会计主要采用的计量尺度是（　　）。

    A. 货币量度　　　　　　　　B. 实物量度

    C. 劳动量度　　　　　　　　D. 以上都不是

12. 企业提供的会计信息应当与财务会计报告使用者的经济决策需要相关，有助于财务会计报告使用者对企业过去、现在或者未来的情况作出评价或者预测，符合（　　）。

    A. 谨慎性　　　　　　　　　B. 可比性

    C. 相关性　　　　　　　　　D. 及时性

13. 企业应当以实际发生的交易或者事项为依据进行会计确认、计量和报告，如实反映符合确认和计量要求的各项会计要素及其他相关信息。符合的是（　　）。

    A. 可理解性　　　　　　　　B. 可靠性

    C. 相关性　　　　　　　　　D. 重要性

14. 会计逐渐地从生产职能中分离出来，成为一种独立职能是（　　）。

    A. 在原始共产主义社会　　　B. 出现了国家

    C. 出现了剩余产品　　　　　D. 出现了货币

15. 会计主体是指会计工作为其服务的（　　）。

　　A. 公司　　　　　　　　　　B. 企业

　　C. 法人单位　　　　　　　　D. 特定单位

16. 货币计量假设中包含的另一个假设是（　　）。

　　A. 持续经营　　　　　　　　B. 会计主体

　　C. 会计分期　　　　　　　　D. 币值不变

17. 界定了会计核算和监督空间范围的是（　　）。

　　A. 会计主体　　　　　　　　B. 持续经营

　　C. 会计分期　　　　　　　　D. 货币计量

18. 我国《企业会计准则》规定企业采用的确定收入和费用归属期的基础是（　　）。

　　A. 永续盘存制　　　　　　　B. 实地盘存制

　　C. 收付实现制　　　　　　　D. 权责发生制

19. 下列方法中，符合谨慎性原则的有（　　）。

　　A. 产品成本采用制造成本法

　　B. 产品成本采用完全成本法

　　C. 固定资产的加速折旧法

　　D. 物价上涨时存货计价的先进先出法

二、多项选择题

1. 关于会计对象，下列说法正确的有（　　）。

　　A. 是企业的全部经济活动　　B. 能以货币表现的经济活动

　　C. 资金运动　　　　　　　　D. 能以实物计量的经济活动

2. 会计采用的计量尺度包括（　　）。

　　A. 货币计量　　　　　　　　B. 实物计量

　　C. 劳动计量　　　　　　　　D. 时间计量

3. 会计主体可以是（　　）。

　　A. 独立法人　　　　　　　　B. 非法人

　　C. 企业中的某一特定部分　　D. 企业集团

4. 一个会计循环包括（　　）。

A. 填制和审核凭证　　　　　B. 登记账簿

C. 编制报表　　　　　　　　D. 报表分析

5. 下列方法中,符合谨慎性要求的有(　　)。

A. 对应收账款计提坏账准备　B. 固定资产的加速折旧法

C. 固定资产直线折旧法　　　D. 无形资产平均摊销法

6. 下列各项中属于会计核算方法的有(　　)。

A. 复式记账　　　　　　　　B. 填制和审核会计凭证

C. 登记账簿　　　　　　　　D. 编制会计报表

7. 近代会计发展史上的两个里程碑是(　　)。

A. 复式簿记的产生　　　　　B. 会计电算化的出现

C. 世界上第一个会计师协会的成立　D. 财务会计与管理会计分离

8. 下列说法正确的是(　　)。

A. 财务会计主要向企业外部关系人提供有关企业情况的会计信息

B. 财务会计主要侧重向企业经营者和内部管理者提供有关企业情况的会计信息

C. 财务会计侧重于未来的信息

D. 财务会计侧重于过去的信息

9. 下列项目中属于我国会计信息质量要求的有(　　)。

A. 可靠性　　　　　　　　　B. 实质重于形式

C. 持续经营　　　　　　　　D. 重要性

10. 在我国会计实务中,会计信息的使用者包括(　　)。

A. 债权人　　　　　　　　　B. 投资人

C. 政府主管部门　　　　　　D. 内部管理者

三、判断题

1. 根据《会计法》,企业以人民币为记账本位币进行会计核算。(　　)

2. 对任何会计事项,都应按谨慎性处理。(　　)

3. 法律主体均可作为会计主体,会计主体不一定是法律主体。(　　)

4. 根据《会计法》,我国境内企业必须以人民币作为记账本位币进行会

计核算。（　　）

5. 会计的职能有两个：一是核算，二是监督。（　　）

6. 会计核算上所使用的一系列会计原则和会计处理方法都是建立在会计主体持续经营前提的基础上的。（　　）

7. 会计核算只能以货币作为计量单位。（　　）

8. 谨慎性要求不仅要核算可能发生的收入，也要核算可能发生的费用和损失，以对未来的风险进行充分核算。（　　）

9. 某一会计事项是否具有重要性，很大程度取决于会计人员的职业判断。所以对于同一会计事项，在某一企业具有重要性，在另一企业则不一定具有重要性。（　　）

10. 企业、事业单位的会计核算，均应以权责发生制为基础。（　　）

11. 为贯彻谨慎性，企业只有在收到货币资金时才能确认商品销售收入。（　　）

12. 可比性要求不同企业发生的相同或者相似的交易或者事项，应当采用规定的会计政策，确保会计信息口径一致、相互可比。（　　）

13. 以款项收付是否应计入本期为标准来确定本期的收入和费用的方法称为权责发生制。（　　）

14. 在我国，业务收支以人民币以外的货币为主的单位，可以选定任意一种货币作为记账本位币。（　　）

15. 重要性原则是指在会计核算中，对于重要事项，足以影响报表使用者作出决策的，应分别核算，重点说明；而对于次要事项，则可以不说明。（　　）

四、练习题

（一）目的：练习权责发生制确认收入和费用归属期的核算。

（二）资料：某公司某年6月份发生下列业务：

1. 3日销售产品60000元，货款收到存入银行。

2. 9日以银行存款支付本月各项费用28000元。

3. 10日收到以前月份销售产品货款15000元，存入银行。

4. 11 日销售产品 20000 元,货款尚未收到。

5. 18 日以银行存款支付下一季度财产保险费 3000 元。

6. 25 日本月应摊以前月份支付的固定资产修理费 4000 元。

7. 30 日预计应由本月负担的银行借款利息 1000 元。

(三)要求:分别按权责发生制和收付实现制确定当期收入、费用并计算当期利润,填入下表:

	权责发生制	收付实现制
收入		
费用		
利润		

参考答案

一、单项选择题

1. A	2. A	3. A	4. D
5. C	6. B	7. D	8. A
9. B	10. B	11. A	12. C
13. B	14. C	15. D	16. D
17. A	18. D	19. C	

二、多项选择题

1. B、C	2. A、B、C	3. A、B、C、D	4. A、B、C
5. A、B	6. A、B、C、D	7. A、C	8. A、D
9. A、B、D	10. A、B、C、D		

三、判断题

1. √	2. ×	3. √	4. ×

5. √   6. √   7. ×   8. ×

9. √   10. ×   11. ×   12. √

13. √   14. ×   15. ×

四、练习题

（略）

第二章 会计确认与计量

一、学习目的和要求

通过本章学习,了解会计核算中应用的计量尺度和计量属性的内容;熟悉会计科目和账户的关系;掌握账户的分类及其运用;熟练掌握六大会计要素的内容以及经济业务对会计等式的影响。

二、重点内容

(一)会计要素

1. 资产

(1)概念:资产是指企业过去的交易或者事项形成的、由企业拥有或者控制的、预期会给企业带来经济利益的资源。

(2)特征:是由企业过去的交易和事项所形成的;必须由企业拥有或控

制;能够直接或间接地给企业带来经济利益。

(3)确认条件:第一,与该资源有关的经济利益很可能流入企业;第二,该资源的成本或者价值能够可靠计量。

(4)分类:按其流动性,分为流动资产和非流动资产两大类。流动资产包括货币资金、应收及预付账款、交易性金融资产、存货等;非流动资产包括长期股权投资、持有至到期投资、固定资产、无形资产和其他资产等。

2. 负债

(1)概念:负债是指企业过去的交易或者事项形成的、预期会导致经济利益流出企业的现时义务。现时义务是指企业在现行条件下已承担的义务。未来发生的交易或者事项形成的义务,不属于现时义务,不应当确认为负债。

(2)确认条件:第一,与该义务有关的经济利益很可能流出企业;第二,未来流出的经济利益的金额能够可靠计量。

(3)分类:按其流动性,即偿还期的分类,分为流动负债和长期负债。

3. 所有者权益

(1)概念:所有者权益是指企业资产扣除负债后由所有者享有的剩余权益。公司的所有者权益又称为股东权益。

(2)内容:所有者权益的来源包括所有者投入的资本、直接计入所有者权益的利得和损失、留存收益等。

直接计入所有者权益的利得和损失,是指不应计入当期损益、会导致所有者权益发生增减变动的、与所有者投入资本或者向所有者分配利润无关的利得或者损失。利得是指由企业非日常活动所形成的、会导致所有者权益增加的、与所有者投入资本无关的经济利益的流入。损失是指由企业非日常活动所发生的、会导致所有者权益减少的、与向所有者分配利润无关的经济利益的流出。

留存收益包括盈余公积和未分配利润。

4. 收入

(1)概念:收入是指企业在日常活动中形成的、会导致所有者权益增加的、与所有者投入资本无关的经济利益的总流入。

(2)确认条件:第一,经济利益很可能流入从而导致企业资产增加或者负债减少;第二,经济利益的流入金额能够可靠计量。

(3)分类:收入包括主营业务收入和其他业务收入。

5. **费用**

(1)概念:费用是指企业在日常活动中发生的、会导致所有者权益减少的、与向所有者分配利润无关的经济利益的总流出。成本是指为生产产品、提供劳务而发生的各种耗费。

(2)确认条件:第一,经济利益很可能流出从而导致企业资产减少或者负债增加;第二,经济利益的流出金额能够可靠计量。

(3)分类:按其经济用途分为期间费用和生产成本。生产成本或劳务成本,在确认产品或劳务收入时,计入当期损益。

6. **利润**

(1)概念:利润是指企业在一定会计期间的经营成果。利润包括收入减去费用后的净额、直接计入当期利润的利得和损失等。

(2)分类:按其重要性分为营业利润、利润总额、净利润等。

(二)会计等式

1. 资产、负债及所有者权益平衡公式

反映财务状况的会计要素包括资产、负债和所有者权益,资产、负债和所有者权益之间的基本关系是"资产＝负债＋所有者权益"。这一等式是反映财务状况会计要素之间的会计恒等式。

2. 收入、费用及利润平衡公式

反映经营成果的会计要素包括收入、费用和利润,收入、费用和利润之间的基本关系是"收入－费用＝利润"。这一等式是反映经营成果的会计等式。

3. 资产、负债、所有者权益与收入、费用、利润的关系

资产＝负债＋所有者权益　　　　　　　　　　　　　　(1)

资产＝负债＋所有者权益＋(收入－费用)　　　　　　　(2)

资产＝负债＋所有者权益＋利润　　　　　　　　　　　(3)

资产＝负债＋所有者权益

"资产＝负债＋所有者权益"是会计的基本恒等式,任何经济业务的发生都不会破坏这一平衡关系。

(三)经济业务的发生对平衡公式的影响

会计平衡公式所表达的是资产与权益必然相等的平衡关系。随着经济业务的发生,资产和权益就会发生增减变动,但都不会破坏基本会计等式所表达的恒等关系。企业在经营中所发生的经济业务有四种基本类型:

(1)经济业务发生,引起资产内部有关项目发生增减变动,增减金额相等。

(2)经济业务发生,引起权益内部有关项目发生增减变动,增减金额相等。

(3)经济业务发生,引起资产项目和权益项目同时增加,双方增加的金额相等。

(4)经济业务发生,引起资产项目和权益项目同时减少,双方减少的金额相等。

第(1)(2)两类经济业务的发生只影响资产类项目或只影响权益类(负债和所有者权益)项目,则在同类项目间有增有减;第(3)(4)两类经济业务的发生同时影响资产和负债或者资产和所有者权益,则异类项目间同增或同减。这四种类型的经济业务均不会破坏资产与权益的平衡关系。

因权益分为负债和所有者权益,以上四种类型的经济业务又可分为九种类型。

(四)会计科目与账户

1. 会计科目

(1)概念:会计科目是对会计要素进行分类核算的项目。

(2)设置原则:第一,必须符合会计准则、会计制度的规定;第二,必须结合会计对象的特点;第三,必须符合经济管理的要求;第四,必须讲求科学性与实用性的统一;第五,必须保持相对的稳定性。

(3)分类:按其反映的经济内容分为:资产类、负债类、所有者权益类、成本类和损益类;按其提供核算指标的详细程度分为总分类科目和明细分类科目。

2. 账户及其结构

(1)概念:账户是根据会计科目开设的,用于分类连续记录各项经济业务,反映各个会计要素增减变化情况及其结果的一种工具和手段。设置账户是会计核算的一种专门方法。

(2)账户与会计科目的关系。

联系:反映的经济内容相同。会计科目是账户的名称,是设置账户的基础和依据。没有账户,设置会计科目即失去了作用;没有会计科目,设置账户缺少依据。

区别:会计科目只是经济业务分类核算的项目,而账户既有名称,又有结构;会计科目是国家统一制定的,而账户是由企业单位根据会计科目的规定和单位管理的需要在账簿中开设的。

(3)账户的结构。账户的基本结构分为两部分,一部分记增加,一部分记减少。用来核算和监督该账户增减变动的数额及其结果。账户的具体格式,包括账户的名称、记录经济业务的日期和概括说明经济业务的内容摘要、登记账簿依据的凭证编号等。

(4)账户中的四项金额:期末余额＝期初余额＋本期增加发生额－本期减少发生额。

(五)会计计量

1. 计量单位

以货币作为主要计量单位,以实物量度和劳动量度作为辅助计量单位。我国的会计核算以人民币作为记账本位币。业务收支以人民币以外的货币为主,可以选定其中的一种货币作为记账本位币,但期末编制会计报表时,应当折合成人民币反映。

2. 计量属性

(1)历史成本。在历史成本计量下,资产按照购置时支付的现金或者现金等价物的金额,或者按照购置资产时所付出的对价的公允价值计量。负债按照因承担现时义务而实际收到的款项或者资产的金额,或者承担现时义务的合同金额,或者按照日常活动中为偿还负债预期需要支付的现金或者现金等价物的金额计量。

(2)重置成本。在重置成本计量下,资产按照现在购买相同或者相似资产所需支付的现金或者现金等价物的金额计量。负债按照现在偿付该项债务所需支付的现金或者现金等价物的金额计量。

(3)可变现净值。在可变现净值计量下,资产按照其正常对外销售所能收到现金或者现金等价物的金额扣减该资产至完工时估计将要发生的成本、估计的销售费用以及相关税费后的金额计量。

(4)现值。在现值计量下,资产按照预计从其持续使用和最终处置中所产生的未来净现金流入量的折现金额计量。负债按照预计期限内需要偿还的未来净现金流出量的折现金额计量。

(5)公允价值。在公允价值计量下,资产和负债按照在公平交易中,熟悉情况的交易双方自愿进行资产交换或者债务清偿的金额计量。

重要概念及复习思考题

一、重要概念

1. 会计要素　　　　2. 资产　　　　　3. 流动资产

4. 固定资产　　　　5. 无形资产　　　6. 负债

7. 流动负债　　　　8. 长期负债　　　9. 所有者权益

10. 收入　　　　　11. 费用　　　　　12. 利润

13. 会计科目　　　14. 账户　　　　　15. 历史成本

16. 可变现净值　　17. 现值　　　　　18. 重置成本

19. 公允价值

二、复习思考题

1. 什么是资产？其特征有哪些？可分为哪几类？

2. 什么是负债？其特征有哪些？可分为哪几类？

3. 所有者权益主要包括哪些内容？

4. 什么是收入？其确认条件是什么？可分为哪几类？

5. 生产成本和期间费用各包括哪些内容？

6. 经济业务对会计等式产生哪些影响？

7. 什么是会计科目？什么是账户？它们之间存在什么关系？

8. 什么是账户的基本结构，账户中包括哪几项金额，其关系如何？

9. 会计六要素之间有什么关系？

10. 会计计量属性有哪些?

自测练习题及参考答案

一、单项选择题

1. 采购员出差预借差旅费业务,它所引起的变化是(　　)。

　　A. 一项资产项目增加,另一项负债项目增加

　　B. 一项资产项目增加,另一项资产项目减少

　　C. 一项负债项目增加,另一项所有者权益项目减少

　　D. 一项负债项目减少,另一项所有者权益项目增加

2. 当一笔业务只涉及资产一方有关项目之间的金额发生增减变化,会计恒等式两边的总金额(　　)。

　　A. 同增　　　　　　　　　　B. 同减

　　C. 不变　　　　　　　　　　D. 一边增加,一边减少

3. 会计对象基本的组成部分,构成会计报表的要素是(　　)。

　　A. 会计科目　　　　　　　　B. 会计要素

　　C. 会计对象　　　　　　　　D. 账户

4. 某企业本期以银行存款偿还银行借款 10000 元,会计上属于(　　)。

　　A. 资产内部一增一减　　　　B. 资产与权益同增

　　C. 资产与权益同减　　　　　D. 权益内部变动

5. 某企业期初权益总额为 30 万元,本期发生以下业务:(1)向银行借入资金 8 万元,存入企业存款户;(2)以银行存款 5 万元,购买原材料;(3)购买材料 4 万元,货款未付。期末,该企业资产总额为(　　)。

　　A. 42 万元　　　　　　　　　B. 35 万元

　　C. 38 万元　　　　　　　　　D. 47 万元

6. 企业接受外部捐赠的机器一台,该业务引起(　　　)。

　　A. 资产和权益同增　　　　　　B. 资产和权益同减

　　C. 资产内部此增彼减　　　　　D. 权益内部此增彼减

7. 融资租赁固定资产租入企业没有所有权,但比照自有资产核算,所遵循的原则是(　　　)。

　　A. 真实性　　　　　　　　　　B. 实质重于形式

　　C. 权责发生制　　　　　　　　D. 重要性

8. 账户与会计科目的区别是(　　　)。

　　A. 反映的经济内容不同

　　B. 名称不同

　　C. 提供指标的详细程度不同

　　D. 账户有结构而会计科目不存在结构

9. 所有者权益是指下列哪一项享有的对资产扣除负债后的剩余权益(　　　)。

　　A. 国家　　　　　　　　　　　B. 企业职工

　　C. 厂长、经理　　　　　　　　D. 投资人

10. 下列等式属于会计基本等式的是(　　　)。

　　A. 资产＝负债＋所有者权益

　　B. 资产＝负债＋所有者权益＋(收入－费用)

　　C. 资产＝权益

　　D. 资产＝负债＋所有者权益＋利润

11. 下列费用中,不属于期间费用的是(　　　)。

　　A. 管理费用　　　　　　　　　B. 财务费用

　　C. 销售费用　　　　　　　　　D. 制造费用

12. 下列各项中属于所有者权益的是(　　　)。

　　A. 房屋　　　　　　　　　　　B. 银行贷款

　　C. 借款　　　　　　　　　　　D. 未分配利润

13. 下列说法不正确的是(　　　)。

A. 会计科目和账户两者口径一致、性质相同

B. 会计科目是账户的名称,也是设置账户的依据

C. 会计科目仅仅是账户的名称,而账户既有结构,又有名称

D. 会计科目是账户的具体运用

14. 下列项目中,不属于流动资产的有(　　)。

A. 原材料　　　　　　　　　B. 应收账款

C. 无形资产　　　　　　　　D. 预付账款

15. 下列项目中,引起权益内部一增一减的是(　　)。

A. 购买材料货款未付　　　　B. 从银行借款存入企业存款户

C. 以银行存款归还银行借款　D. 以商业汇票抵付前欠货款

16. 下列项目中,属于负债项目的有(　　)。

A. 银行存款　　　　　　　　B. 未分配利润

C. 预收账款　　　　　　　　D. 应收账款

17. 下列项目中不属于负债项目的是(　　)。

A. 预收账款　　　　　　　　B. 预付账款

C. 应付账款　　　　　　　　D. 应交税费

18. 引起资产内部一个项目增加,另一个项目减少,而资产总额不变的经济业务是(　　)。

A. 用银行存款偿还短期借款　B. 收到投资者投入的机器一台

C. 收到外单位前欠货款　　　D. 购买原材料货款未付

19. 账户的基本结构分为左右两方,哪一方记增加,哪一方记减少是由(　　)。

A. 账户的名称决定　　　　　B. 账户的格式决定

C. 账户的结构决定　　　　　D. 账户的经济内容决定

20. 资产＝负债＋所有者权益不是(　　)。

A. 设置账户的理论依据

B. 编制资产负债表的理论依据

C. 复式记账的理论依据

　　　　D. 总分类账户与明细分类账户平行登记的理论依据

二、多项选择题

1. 企业的负债可以用下列哪些来偿付(　　)。

　　A. 产成品　　　　　　　　　　B. 提供劳务

　　C. 举新债　　　　　　　　　　D. 货币

2. 企业每天发生的经济业务虽然多种多样,但不外乎(　　)几种类型。

　　A. 资产与权益有关项目同时增加

　　B. 资产中有关项目有增有减

　　C. 资产与权益有关项目同时减少

　　D. 权益中有关项目有增有减

3. 收入可以表现为(　　)。

　　A. 资产的增加　　　　　　　　B. 费用的减少

　　C. 负债的减少　　　　　　　　D. 资产减少

4. 下列各项是属于资产要素特点的有(　　)。

　　A. 必须是有形的

　　B. 必须是企业拥有或控制的

　　C. 过去的交易或事项形成的

　　D. 能够给企业带来未来经济利益

5. 下列各项中,不引起所有者权益总额发生变化的有(　　)。

　　A. 资本公积转增资本　　　　　B. 盈余公积转增资本

　　C. 盈余公积弥补亏损　　　　　D. 从净利润中提取盈余公积

6. 下列各项中,属于反映企业经营成果的会计要素有(　　)。

　　A. 资产　　　　　　　　　　　B. 收入

　　C. 费用　　　　　　　　　　　D. 利润

7. 下列要素中,属于资产负债表要素的是(　　)。

　　A. 收入　　　　　　　　　　　B. 资产

　　C. 所有者权益　　　　　　　　D. 利润

8. 下列业务中属于资产和权益同时减少的有( )。

    A. 上缴税款   B. 用银行存款归还银行借款

    C. 用银行存款归还应付账款   D. 现金支付管理费用

9. 以下经济业务中,必然导致所有者权益增加的有( )。

    A. 取得收入   B. 归还借款

    C. 接受投资   D. 公积金转增资本

10. 以下经济业务中,可能导致一项负债减少的有( )。

    A. 资产减少   B. 增加一项负债

    C. 增加实收资本   D. 增加收入

三、判断题

1. "利润分配"账户和"所得税费用"账户同属于损益类账户。( )

2. "资产＝负债＋所有者权益"的平衡公式适用于所有企业的会计核算。( )

3. "资产＝负债＋所有者权益"这个平衡公式是企业资金运动的动态表现。( )

4. 对于明细科目较多的会计科目,可在总分类科目下设置二级或多级明细科目。( )

5. 负债是指过去的交易、事项形成的现时义务,履行该义务预期会导致经济利益流出企业。( )

6. 会计确认是会计计量和会计报告的共同基础。( )

7. 账户是会计科目的进一步分类。( )

8. 某一财产物资要成为企业资产,其所有权必须属于该企业或被该企业所控制。( )

9. 企业的投入资本与借入资本相同,均可作为"实收资本"核算。( )

10. 企业的应付职工薪酬属于流动负债。( )

11. 企业接受捐赠物资一批,计价 10 万元,该项经济业务发生会引起收入增加,权益增加。( )

12. 所有者权益就是企业所有者对企业资产总额享有的权利。( )

13. 无论相关费用大小,收入总能增加所有者权益。( )

14. 一项所有者权益增加的同时,引起的另一方面变化可能是一项资产减少。( )

15. 资产是一种经济资源,具体表现为具有各种实物形态的财产。( )

四、练习题

练习一

一、目的:练习企业资产、负债、所有者权益的内容及其分类。

二、资料:A公司部分资产、负债和所有者权益的资料如下表:

序　号	内　容	资　产	负　债	所有者权益
1	生产用房屋			
2	生产用机器设备			
3	管理部门的办公室			
4	库存生产用钢材			
5	库存完工产品			
6	采购员预借的差旅费			
7	应收某厂的货款			
8	国家投入的资本			
9	存放在银行的款项			
10	存放在财务部门的款项			
11	生产车间未完工产品			
12	向银行借入的半年期借款			
13	应付某供应单位的购料款			
14	尚未分配的利润			
15	应缴未缴的所得税			

三、要求:根据以上资料,说明其所属的会计科目及其类别。

练习二

一、目的:练习资产和权益的平衡关系。

二、资料:

(一)A 公司 2006 年 5 月初资产总额为 200000 元,负债 80000 元,所有者权益为 120000 元。

(二)A 公司 2006 年 5 月发生下列经济业务:

1. 甲公司向 A 公司追加投资,投入全新机器一台价值 50000 元;投入货币资金 30000 元,已存入银行。

2. 购进材料一批,价值 16000 元,材料已验收入库,货款尚未支付。

3. 生产车间生产产品领用材料 5600 元。

4. 从银行提取现金 100 元。

5. 以银行存款偿还短期借款 13000 元。

6. 收到购买单位所欠货款 8000 元,存入银行。

7. 以银行存款偿还所欠供应单位货款 9000 元。

8. 签发一张为期三个月,面值 2500 元的无息商业汇票,抵付前欠货款。

三、要求:

1. 分析每笔经济业务所引起的资产和权益有关项目的增减变化。

2. 计算期末资产、负债、所有者权益总额,并验证会计等式。

参考答案

一、单项选择题

1. B	2. C	3. B	4. C
5. A	6. A	7. B	8. D
9. D	10. A	11. D	12. D
13. D	14. C	15. D	16. C
17. B	18. C	19. D	20. D

二、多项选择题

1. A、B、C、D　　2. A、B、C、D　　3. A、C　　　　4. B、C、D

5. A、B、C、D　　6. B、C、D　　　7. B、C　　　　8. A、B、C、D

9. A、C　　　　　10. A、B、D

三、判断题

1. ×　　　　　2. √　　　　　3. ×　　　　　4. √

5. √　　　　　6. √　　　　　7. ×　　　　　8. √

9. ×　　　　　10. √　　　　11. ×　　　　12. ×

13. √　　　　14. ×　　　　15. ×

四、练习题

（略）

第三章 会计记录

一、学习目的和要求

会计记录是对经过会计确认、会计计量进入会计信息系统的各项数据，遵循复式记账的要求，按照设定的会计账户体系，在会计账簿中系统、连续、全面地记录其变动方向、变动金额及变动数量的过程。

会计记录既是会计确认、会计计量的总结，又是会计报告的准备。通过本章学习，掌握记账方法的种类及复式记账的基本原理和特点，掌握账户的对应关系和会计分录；着重掌握借贷记账法的基本内容；掌握试算平衡表的编制方法；熟悉总分类账户和明细分类账户的概念，掌握总分类账户和明细分类账户的平行登记及相互核对。

二、重点内容

(一)复式记账原理

1. 记账方法

记账方法是指在账簿中登记各项经济业务的方法。会计上的记账方法经历了一个由单式记账法发展到复式记账法的过程。

2. 复式记账法

复式记账法是在每一项经济业务发生后,用相等的金额,在相互关联的两个或两个以上的账户中进行登记,以反映会计要素增减变动情况的记账方法。

3. 会计分录

经济业务发生后,在记入各有关账户之前,必须明确应该记入哪些账户、记入的方向和金额。在会计工作中,把这种预先确定每项经济业务应记账户的名称(会计科目)、方向和金额的记录叫会计分录。在实际工作中,会计分录是通过编制记账凭证来完成的。

4. 账户对应关系和对应账户

账户对应关系:对各项经济业务运用复式记账法在有关账户中进行登记,从而在有关账户之间形成了一定的相互关系,账户之间的这种相互关联关系会计上叫做账户对应关系,存在着对应关系的账户叫对应账户。

(二)借贷记账法

1. 借贷记账法的概念及记账符号

借贷记账法是以"借"、"贷"为记账符号,运用复式记账原理来记录经济活动情况的一种复式记账方法。

2. 借贷记账法的账户结构

在借贷记账法中,任何账户都分为借方和贷方两个基本部分。通常左边是借方,右边是贷方。增加数和减少数应分别记入哪一方,要根据各个账户所反映的经济内容,即它的性质决定。账户按其反映的经济内容可分为资产类、负债类、所有者权益类、成本类及损益类五大类账户(特殊企业和特殊业务还涉及共同类账户),而损益类又可分为反映收入和费用的两类账户。

借贷记账法下的账户结构如下表:

借方	账户名称(会计科目)	贷方
资产、成本、费用增加数 负债、所有者权益、收入减少数		资产成本、费用减少数 负债、所有者权益、收入增加数
资产期末余额		负债、所有者权益期末余额

3. 借贷记账法的记账规则

借贷记账法的记账规则是:有借必有贷,借贷必相等。

对于借贷记账法的记账规则,我们可以从经济业务的类型中推导出来。

4. 借贷记账法的试算平衡

根据会计等式的平衡关系,利用借贷记账法的记账规则,通过汇总、计算和比较来检查账户记录的正确性与完整性,这项工作称为试算平衡。试算平衡可以采用发生额试算平衡或余额试算平衡的方法。

(1)发生额试算平衡(又称直接平衡、自动平衡)。

试算平衡公式:借方发生额合计＝贷方发生额合计

发生额试算平衡的理论依据是借贷记账法的记账规则。

(2)余额试算平衡。

试算平衡公式:全部账户期末借方余额合计＝全部账户期末贷方余额合计

即：资产类账户期末余额＝负债和所有者权益账户期末余额

余额试算平衡的理论依据是"资产＝负债＋所有者权益"的平衡关系。

余额试算平衡是通过编制余额试算平衡表来进行的，必须保证所有账户的余额均已记入试算平衡表。

试算平衡工作，一般是在月末结出各个账户的本月发生额和月末余额后，通过编制"总分类账户本期发生额及期末余额试算平衡表"来进行的。

(三)总分类账户和明细分类账户

1. 总分类账户

总分类账户(也叫总账账户，一级账户)：是用来总括反映每一资产、负债、所有者权益增减变化情况的账户，是根据总分类科目设置的。

2. 明细分类账户

明细分类账户(又称明细账户，二级账户，三级账户)：是在总分类账户的基础上，根据管理的需要，设置的用以提供详细核算资料的账户，是根据明细分类科目设置的。

3. 总分类账户和明细分类账户的平行登记

平行登记：是指每项经济业务发生后，以审核后的会计凭证为依据，在记入有关总分类账户的同时，应按相同的方向，相等的金额，记入其所属的一个或几个明细分类账户的方法。

平行登记的要点包括：同依据、同期间、同方向、等金额。

4. 总分类账户和明细分类账户的相互核对

相互核对内容：

(1)总分类账户的期初余额与其所属各明细分类账户的期初余额之和相等。

(2)总分类账户的本期借方发生额与其所属各明细分类账户的本期借方发生额之和相等。

(3)总分类账户的本期贷方发生额与其所属各明细分类账户的本期贷

方发生额之和相等。

（4）总分类账户的期末余额与其所属各明细分类账户期末余额之和相等。

重要概念及复习思考题

一、重要概念

1. 记账方法　　　　2. 复式记账法　　　　3. 会计分录

4. 账户对应关系　　5. 对应账户　　　　　6. 借贷记账法

7. 账户结构　　　　8. 记账规则　　　　　9. 试算平衡

10. 平行登记　　　　11. 总分类账户　　　　12. 明细分类账户

二、复习思考题

1. 什么是记账方法？它有哪几种？

2. 什么是复式记账法？它有什么特点？

3. 什么是账户？账户的基本结构是怎样的？

4. 什么是借贷记账法？试述借贷记账法的基本内容。

5. 什么是会计分录？如何编制会计分录？

6. 什么是试算平衡？如何进行试算平衡？

7. 什么是总分类账户？什么是明细分类账户？它们之间有何区别与联系？

8. 什么是平行登记？其要点是什么？如何进行平行登记？

9. 借贷记账法下的账户格式有何特点？为什么？

10. 借贷记账法下如何设置双重性质的账户？

自测练习题及参考答案

一、单项选择题

1. 某企业本期借款利息支出共 50000 元,存款利息收入共 5000 元,财务费用账户期末结账后余额应为( )元。

    A. 借方余额 45000　　　　　　　B. 贷方余额 45000

    C. 借方余额 55000　　　　　　　D. 0

2. 费用账户期末一般( )。

    A. 有借方余额　　　　　　　　　B. 有贷方余额

    C. 有借方或贷方余额　　　　　　D. 无余额

3. 在借贷记账法下,借方表示( )。

    A. 资产的增加和负债的减少　　　B. 负债的增加和资产的减少

    C. 收入的增加和负债的减少　　　D. 利润和所有者权益的增加

4. 在实际工作中,会计分录一般填写在( )上。

    A. 原始凭证　　　　　　　　　　B. 记账凭证

    C. 账簿　　　　　　　　　　　　D. 会计报表

5. 把账户分为借贷两方,哪一方记增加数,哪一方记减少数,取决于( )。

    A. 记账规则　　　　　　　　　　B. 记账形式

    C. 核算方法　　　　　　　　　　D. 账户反映的经济内容

6. 借贷记账法下所有账户本期借方发生额之和等于本期贷方发生额之和的平衡关系是由( )。

    A. 借贷记账法的记账规则决定的　B. 会计基本等式决定的

    C. 复式记账法决定的　　　　　　D. 平行登记法决定的

7. 以下账户中,贷方登记增加发生额的是(　　)。

    A. 主营业务收入　　　　　　　　　B. 预付账款

    C. 财务费用　　　　　　　　　　　D. 固定资产

8. "应收账款"账户期初借方余额为 3500 元,本期借方发生额为 1500

    元,本期贷方发生额为 6000 元,该账户期末余额应为(　　)。

    A. 借方余额 8000 元　　　　　　　B. 贷方余额 4500 元

    C. 借方余额 1000 元　　　　　　　D. 贷方余额 1000 元

9. 下列错误中能通过试算平衡发现的是(　　)。

    A. 一笔经济业务的记录全部被漏记或重记

    B. 一笔经济业务的借贷双方,会计分录金额发生同样的错误

    C. 编制会计分录时,应借应贷的账户互相颠倒,或误用账户名

    D. 一笔业务漏记借方或贷方

10. 简单会计分录是指(　　)。

    A. 单式记账凭证中记录的会计分录

    B. 一个账户借方与一个账户贷方发生对应关系的分录

    C. 根据简单会计事项编制的会计分录

    D. 对应关系简单明了的会计分录

11. 反映存货的各账户月终如果有余额应在账户的(　　)。

    A. 借方　　　　　　　　　　　　　B. 贷方

    C. 借方或贷方　　　　　　　　　　D. 无余额

12. 以下账户中,借方登记增加额的是(　　)。

    A. 生产成本　　　　　　　　　　　B. 预收账款

    C. 应付利息　　　　　　　　　　　D. 资本公积

13. 借贷记账法下所有账户期末借方余额之和等于期末贷方余额之和

    的平衡是由(　　)。

    A. 借贷记账法的记账法则决定的　B. 会计基本等式决定的

    C. 复式记账法决定的　　　　　　　D. 平行登记法决定的

14. 预付账款不多的企业,可以不设置"预付账款"科目,而直接将预付

的货款记入( )。

A. "应收账款"科目的借方　　　　B. "应收账款"科目的贷方

C. "应付账款"科目的借方　　　　D. "应付账款"科目的贷方

15. 预收账款不多的企业,可以不设"预收账款"科目,而将预收的款项记入( )。

A. "应付账款"科目的借方　　　　B. "应付账款"科目的贷方

C. "应收账款"科目的借方　　　　D. "应收账款"科目的贷方

16. 下列各项费用中,不能直接借记"生产成本"科目的是( )。

A. 车间生产工人福利费　　　　B. 车间生产工人工资

C. 车间管理人员工资　　　　D. 构成产品实体的原料费用

17. 以下账户中,借方登记增加额的是( )。

A. 利润分配　　　　B. 预收账款

C. 应付账款　　　　D. 应付职工薪酬

二、多项选择题

1. 以下账户中,借方登记本期减少发生额的账户有( )。

A. 资产类账户　　　　B. 负债类账户

C. 收入类账户　　　　D. 费用类账户

2. 会计分录必须具备的要素包括( )。

A. 记账方向　　　　B. 会计科目

C. 记账金额　　　　D. 签名盖章

3. 以下账户中期末余额肯定在借方的有( )。

A. 应收账款　　　　B. 原材料

C. 销售费用　　　　D. 固定资产

4. 以下账户中,贷方登记增加发生额的账户有( )。

A. 应付利息　　　　B. 库存商品

C. 坏账准备　　　　D. 资本公积

5. 以下哪些错误无法通过试算平衡发现( )。

A. 某项经济业务重复入账

B. 借贷双方同时多记或少记金额

C. 用错账户

D. 应借应贷账户方向颠倒

6. 借贷记账法的试算平衡可按下列哪些公式进行（　　　）。

A. 全部账户本期借方发生额合计＝全部账户本期贷方发生额合计

B. 全部账户增加额＝全部账户减少额

C. 全部账户期末借方余额合计＝全部账户期末贷方余额合计

D. 资产账户发生额＝负债和所有者权益类账户发生额

7. 以下属于虚账户的有（　　　）。

   A. 管理费用　　　　　　　　　　B. 利润分配

   C. 主营业务成本　　　　　　　　D. 投资收益

8. 以下账户中期末余额在借贷方不一定的有（　　　）。

   A. 应付账款　　　　　　　　　　B. 未分配利润

   C. 固定资产　　　　　　　　　　D. 应交税费

9. 以下账户中年末余额肯定为 0 的有（　　　）。

   A. 生产成本　　　　　　　　　　B. 应付利润

   C. 待处理财产损溢　　　　　　　D. 投资收益

10. 以下账户中可能成为本年利润账户对应账户的有（　　　）。

   A. 营业税金及附加　　　　　　　B. 营业外支出

   C. 应付利润　　　　　　　　　　D. 盈余公积

11. 以下可能成为原材料账户的对应账户的有（　　　）。

   A. 其他业务成本　　　　　　　　B. 本年利润

   C. 在建工程　　　　　　　　　　D. 主营业务成本

12. 复式记账法的优点是（　　　）。

   A. 账户对应关系清楚，能全面反映资金运动

   B. 适用性强

   C. 便于核对账户记录

   D. 便于试算平衡，检查账户记录是否正确

13. 运用平行登记法登记总账和明细账时,必须做到( )。

    A. 详简程度相同　　　　　　B. 记账方向相同

    C. 记账金额相等　　　　　　D. 记账期间相同

14. 贷记银行存款,则借记的会计科目可能是( )。

    A. 库存现金　　　　　　B. 本年利润

    C. 应付职工薪酬　　　　　　D. 应付利息

15. 以下账户中,需要结出期末余额,将其转入下一会计期间的有( )。

    A. 利润分配　　　　　　B. 投资收益

    C. 短期借款　　　　　　D. 库存商品

三、判断题

1. 借贷记账法既是世界通用的记账方法,又是目前我国法定的记账方法。( )

2. 借贷记账法中的"借"、"贷"分别表示债权和债务。( )

3. 账户对应关系是指某个账户内的借方与贷方的相互关系。( )

4. 在借贷记账法中,只要借、贷金额相等,账户记录就不会有错误。( )

5. 总分类账户的期末余额应与其所属各明细分类账户的期末余额合计数相等。( )

6. "有借必有贷,借贷必相等"是复式记账法的记账规则。( )

7. 在借贷记账法中,"借"、"贷"作为记账符号已经失去了原来字面的含义,因此对于所有的账户来说,"借"表示增加,"贷"表示减少。( )

8. 采用复式记账的方法,主要是为了便于登记账簿。( )

9. 总分类账和明细分类账平行登记的要求是依据相同、时期相同、金额相等和方向相同。( )

10. 总分类账户的本期发生额应与其所属各明细分类账户的本期发生额合计数相等。( )

11. 资产负债类账户均不能成为本年利润的对应账户。（　　）

12. 对于明细科目较多的会计科目，可在总分类科目下设置二级或多级明细科目。（　　）

13. 预收账款与应付账款均属于负债项目，较少发生时，可在应付账款账户核算。（　　）

14. 企业应付账款账户也可以核算预付账款的内容。（　　）

四、练习题

练习一

一、目的：练习用借贷记账法编制会计分录。

二、资料：宏业公司 2006 年 2 月发生下列经济业务：

1. 业务员出差暂借差旅费 1000 元，以现金支付。

2. 销售产品 20000 元，收到货款 12000 元，其余货款尚未收到。

3. 开出转账支票预付购材料款 9000 元。

4. 购入材料 7800 元，材料已验收入库，货款尚未支付。

5. 收到国家投入资金 200000 元，已存入银行。

6. 以银行存款购入某公司股票 80000 元作为交易性金融资产入账。

7. 从银行借入 6 个月期限的借款 30000 元，已存入银行。

8. 摊销应由本月负担的管理费用 3000 元。

9. 本月完工产品 1000 件，总成本 40000 元，产品已验收入库，结转其成本。

10. 以银行存款归还前欠材料款 7800 元。

三、要求：根据以上资料，用借贷记账法编制会计分录。

练习二

一、目的：练习用借贷记账法编制会计分录。

二、资料：未来公司 2006 年 4 月发生下列经济业务：

1. 从银行存款中提取现金 3000 元。

2. 财务科以现金预借给采购员张三差旅费 1000 元。

3. 以银行存款缴清上月欠缴税额 5000 元。

4. 投资者甲投入机器一台,价值 35000 元。

5. 购入材料 80000 元,增值税税率 17%,货款尚未支付。

6. 生产车间领用材料一批,其中用于生产 A 产品 8000 元,生产 B 产品 3000 元,车间一般消耗 1000 元。

7. 向银行借入短期借款 50000 元,存入银行。

8. 以银行存款偿还 N 公司货款 12000 元。

9. 以银行存款归还短期借款 30000 元。

10. 收到 K 公司还来货款 38000 元,存入银行。

三、要求:根据以上资料,用借贷记账法编制会计分录。

练习三

一、目的:练习用借贷记账法编制会计分录。

二、资料:学府公司 2006 年 3 月发生下列经济业务:

1. 出售 A 产品 150 件,单价 500 元,B 产品 100 件,单价 200 元,总计 95000 元,购货单位开出并承兑的商业汇票抵付货款。

2. 购进材料 92500 元,材料已验收入库,开出转账支票 90000 元支付部分货款,余款暂欠。

3. 以银行存款支付销售产品广告费 900 元。

4. 以银行存款 20000 元购入一项专利权。

5. 月末,预提短期借款利息 1540 元。

6. 收到 B 公司投资 100000 元,款项已存入银行。

7. 经批准,将盈余公积 30000 元转增资本。

8. 财务部以现金预借给业务员差旅费 1000 元。

9. 以现金 20000 元发放职工工资。

10. 生产车间领用原材料 8000 元,全部投入产品生产。

11. 经决定,向投资者分配利润 100000 元。

12. 本月完工产品 1000 件,总成本 40000 元,产品已验收入库,结转其成本。

13. 以银行存款购入 C 公司股票 80000 元作为交易性金融资产入账。

14. 以银行存款支付给投资者利润 100000 元。

15. 开出转账支票预付给 D 公司购材料款 9000 元。

16. 销售产品 20000 元,收到货款 12000 元,其余货款尚未收到。

17. 收到国家投入资金 200000 元,已存入银行。

18. 月末摊销应由本月负担的管理费用 3000 元。

19. 业务员出差回来报销差旅费 900 元,多余现金退回。

三、要求:根据以上资料编制会计分录。

练习四

一、目的:掌握账户的结构,并进行试算平衡。

二、资料:M 公司 2007 年 12 月份有关账户的资料如下表:

账户名称	期初余额		本期发生额		期末余额	
	借方	贷方	借方	贷方	借方	贷方
库存现金	100		5000	( )	300	
银行存款	20900		( )	6200	( )	
应收账款	( )		( )	5900	24100	
原材料	20000		3000	( )	15800	
固定资产	( )		10000	0	150000	
应付账款		10000	8000	( )		20000
短期借款		( )	30000	20000		20000
实收资本		160000	0	( )		170000
合　计	( )	( )	( )	( )	( )	( )

三、要求:根据账户的有关指标计算方法和借贷记账法的试算平衡原

理,计算填补括号中的数字。

练习五

一、目的:练习用借贷记账法编制会计分录。

二、资料:假设 B 公司 2007 年 1 月 1 日财务状况如下表:

资　产	金　额	负债及所有者权益	金　额
库 存 现 金	100	短 期 借 款	9000
银 行 存 款	18000	应 付 账 款	5000
应 收 账 款	2900	应 交 税 费	2000
其 他 应 收 款	200	实 收 资 本	492000
原 材 料	26000		
库 存 商 品	10800		
固 定 资 产	450000		
合　计	508000	合　计	508000

该公司 1 月份发生下列经济业务:

1. 从银行提取现金 300 元。

2. 财务部以现金预借给业务员差旅费 300 元。

3. 以银行存款缴清上月欠缴税款 2000 元。

4. 向 A 公司购入材料 8000 元,材料已验收入库,货款尚未支付。

5. 国家投资新机器一台,价值 35000 元。

6. 从银行借入 6 个月期限的借款 15000 元,已存入银行。

7. 以银行存款偿还欠 A 公司材料款 12000 元。

8. 收到 C 公司还来上月所欠货款 2900 元,款项已存入银行。

9. 以银行存款归还到期的短期借款 9000 元。

三、要求:

1. 开设各有关账户,登记期初余额。

2. 编制会计分录,并根据会计分录过账。

3. 结出各账户的本期发生额和期末余额。

4. 编制试算平衡表进行试算平衡。

参考答案

一、单项选择题

1. D	2. D	3. A	4. B
5. D	6. A	7. A	8. D
9. D	10. B	11. A	12. A
13. B	14. C	15. D	16. C
17. A			

二、多项选择题

1. B、C	2. A、B、C	3. B、D	4. A、C、D
5. A、B、C、D	6. A、C	7. A、C、D	8. A、B、D
9. C、D	10. A、B	11. A、C	12. A、B、C、D
13. B、C、D	14. A、C、D	15. A、C、D	

三、判断题

1. √	2. ×	3. ×	4. ×
5. √	6. ×	7. ×	8. ×
9. √	10. √	11. √	12. √
13. ×	14. √		

四、练习题

(略)

第四章　主要生产经营过程的核算

一、学习目的和要求

本章通过制造业企业主要经营过程的核算,较详细地阐述账户和借贷记账法的应用。学习本章要求了解制造业企业主要经营过程;掌握企业资金筹集、生产准备、产品生产、产品销售、财务成果形成和分配等经济业务活动的内容、账户设置(账户的性质、用途和结构)及主要的会计分录。

二、重点内容

(一)资金筹集业务的核算

1. 实收资本的核算

实收资本是指投资人作为投资投入到企业中的各种资产的价值。投入资本应按实际投资数额入账,以货币资金投资的,应按实际收到的款项作为投资者的投资入账；以实物形式投资的，应按投资合同或协议约定的价值作为实际投资额入账。

应设置"实收资本"账户进行核算。收到投资者投资时，应借记"银行存款"等有关账户，贷记"实收资本"账户。

2. 短期借款的核算

短期借款是指企业向银行或其他金融机构、单位借入的，偿还期在一年以内（含一年）的各种借款。一般是企业为维持正常的生产经营所需的资金而借入的，或者为抵偿某项债务而借入的。

短期借款核算的主要内容：取得借款、借款利息、归还借款。应设置"短期借款"、"应付利息"、"财务费用"等账户进行核算。取得借款时，应借记"银行存款"账户，贷记"短期借款"账户；归还借款时则编制相反分录。

短期借款利息应分别情况处理：如果短期借款利息是按期（如按季、半年）支付的，或者利息是在借款到期日连同本金一起归还，并且数额较大的，应采用按月预提、季末结算的办法，将应由各期负担的短期借款利息计入各期财务费用，借记"财务费用"账户，贷记"应付利息"账户；如果短期借款利息是按月支付的，或者利息是在借款到期时连同本金一起归还，但是数额不大的，可以不采用预提的方法，而在实际支付或收到银行的计息通知时，直接计入当期损益，借记"财务费用"账户，贷记"银行存款"账户。

(二)供应过程的核算

1. 材料采购成本的计算

材料采购成本包括买价、各种采购费用以及按规定应计入材料成本的各种税金（如关税）等。买价即购货发票所注明的货款金额；采购费用包括运杂费（包括运输费、装卸费、包装费、仓储费、保险费等）、运输途中的合理损耗、入库前的挑选整理费用等。

采购费用中，凡能直接分清是为采购哪种材料所支付的费用，应直接计入该种材料的采购成本；属于几种材料共同负担的费用，应采用合理的分配标准(如材料重量、数量等)分配后计入各种材料的采购成本。

2. 供应过程核算应设置的账户

"材料采购"、"原材料"、"应付账款"、"应付票据"、"预付账款"、"应交税费——应交增值税"、"银行存款"、"库存现金"等账户。

在材料物资采购业务中设置"应交税费"账户主要是核算增值税。增值税是对在我国境内销售货物或者提供劳务,以及进口货物的单位和个人,就其取得的货物或应税劳务销售额计算税款,并实行税款抵扣制的一种流转税。增值税是对商品生产或流通各个环节的新增价值或商品附加值进行征税,所以称之为增值税,是一种价外税,采取两段征收法,分为增值税进项税额和销项税额。

当期应纳税额=当期销项税额-当期进项税额

销项税额是指纳税人销售货物或提供应税劳务,按照销售额和规定的税率计算并向购买方收取的增值税额:

销项税额=销售额×增值税税率

进项税额是指纳税人购进货物或接受应税劳务所支付或负担的增值税额:

进项税额=购进货物或劳务价款×增值税税率

增值税的进项税额与销项税额是相对应的,销售方的销项税额就是购买方的进项税额。

采购材料时,应借记"材料采购"、"应交税费——应交增值税"账户,贷记"银行存款"等有关账户;材料验收入库时,借记"原材料"账户,贷记"材料采购"账户。

(三)生产过程的核算

1. 费用及其内容

一定期间内在产品的生产过程中发生的、用货币表现的生产耗费叫做生产费用。这些费用最终都要归集、分配到一定种类的产品上去,从而形成各种产品的成本。换言之,把为生产一定种类和一定数量的产品所发生的生产费用的总和叫做产品成本,也称生产成本或制造成本。生产费用是产品成本形成的基础。生产费用对应的是会计期间,而产品成本对应的是某种产品。

生产费用按其计入产品成本的方式的不同,可以分为直接费用和间接费用。直接费用是指企业生产产品过程中实际消耗的直接材料、直接人工和其他直接支出。间接费用是指为生产产品和提供劳务而发生的各项间接支出,也称为制造费用。成本项目是生产费用按照经济用途进行分类的项目,主要包括直接材料费、直接人工费、制造费用。

此外,生产过程中还会发生一些不能归属于某个特定产品成本的费用,这些费用容易确定其发生的期间,而难以判别其所应归属的产品,需要在发生的当期直接从当期损益中扣除,因而称为期间费用,包括管理费用、财务费用和销售费用等。

2. 生产过程核算应设置的账户

"生产成本"、"制造费用"、"应付职工薪酬"、"累计折旧"、"管理费用"、"库存商品"等账户。

3. 材料费用的归集与分配

在确定材料费用时,应根据领料凭证区分车间、部门和不同用途。对于直接用于某种产品生产的材料费,应直接计入该产品成本;对于由几种产品共同耗用、应由这些产品共同负担的材料费,应选择适当的标准在各种产品之间进行分配之后,计入各有关产品成本;对于为创造生产条件等需要而间接消耗的各种材料费,应先在"制造费用"账户中进行归集,然后同其他间接费用一起分配后再计入有关产品成本;行政管理部门耗用的材料费应计入"管理费用"账户。

主要会计分录:借记"生产成本"、"制造费用"、"管理费用"等账户,贷记"原材料"账户。

4. 职工薪酬的归集与分配

职工薪酬是生产费用的组成部分。职工薪酬核算的内容包括发放职工薪酬、分配职工薪酬等。

在对企业职工的薪酬进行核算时,应根据工资结算汇总表或按月编制的"工资费用分配表"进行相关的账务处理。生产工人的职工薪酬属于直接费用,应直接计入有关产品成本,借记"生产成本"账户;生产工人以外的其他生产管理人员的职工薪酬属于间接费用,应借记"制造费用"账户;行政管理部门的管理人员职工薪酬属于期间费用,应借记"管理费用"账户。同时应贷记"应付职工薪酬"账户。

5. 制造费用的归集与分配

制造费用是指企业为生产产品而发生的各种间接费用,如生产车间管理人员的职工薪酬、固定资产折旧费、办公费、水电费、保险费等。在生产多种产品的企业里,制造费用在发生时一般无法直接判定其应归属的成本核算对象,因而不能直接计入所生产的产品成本中,必须将上述各种费用按照发生的不同空间范围在"制造费用"账户中予以归集汇总,然后选用一定的标准(如生产工人工资、生产工时等),在各种产品之间进行合理的分配。在制造费用的归集过程中,要按照权责发生制的要求,正确地处理跨期间的各种费用,使其摊配于应归属的会计期间。

归集制造费用时,借记"制造费用"账户,贷记"银行存款"、"其他应付款"、"累计折旧"等账户;分配制造费用时,借记"生产成本"账户,贷记"制造费用"账户。

6. 完工产品成本的计算与结转

企业应设置产品生产成本明细账,用来归集应计入各种产品成本的各项生产费用。如果月末某种产品全部完工,该种产品生产成本明细账所归集的费用总额,就是该种完工产品的总成本。如果某种产品月末全部未完工,则该种产品生产成本明细账所归集的费用总额就是该种产品月末在产品的生产成本。如果某种产品月末一部分完工,一部分未完工,则需要将归集在产品生产成本明细账中的费用总额采用适当的分配方法在完工产品和在产品之间进行分配,计算出完工产品成本和月末在产品成本。计算公式为：

期初在产品成本＋本期发生的生产费用＝本期完工产品成本＋期末在产品成本

产品完工入库时，借记"库存商品"账户，贷记"生产成本"账户。

(四)销售过程的核算

销售过程应设置"主营业务收入"、"主营业务成本"、"营业税金及附加"、"销售费用"、"应收账款"、"应收票据"、"预收账款"等账户。

销售产品时，借记"银行存款"等有关账户，贷记"主营业务收入"、"应交税费——应交增值税"账户；结转已售产品成本时，借记"主营业务成本"账户，贷记"库存商品"账户；计算销售税金时，借记"营业税金及附加"账户，贷记"应交税费"账户；核算销售费用时，借记"销售费用"账户，贷记"银行存款"等账户。

(五)财务成果的核算

1．利润的构成

利润是指企业在一定会计期间的经营成果。利润包括收入减去费用后的净额、直接计入当期利润的利得或损失等。直接计入当期利润的利得或损失是指应当计入当期损益、会导致所有者权益发生增减变动的、与所有者投入资本或者向所有者分配利润无关的利得或损失，如固定资产处置的净收益及净损失、处置无形资产的净收益及净损失、罚款收入、非常损失、捐赠支出、罚款支出等。

2．期间费用

期间费用是指企业本期发生的、不能直接或间接归入某种产品的、直接计入当期损益的各项费用，包括管理费用、财务费用和销售费用。

管理费用是指企业行政管理部门为组织和管理生产经营活动而发生的各项费用，包括行政管理部门人员的职工薪酬、办公费、差旅费、折旧费、修理费、业务招待费等。

财务费用是指企业为筹集生产经营所需资金而发生的费用，包括银行借款利息（减存款利息收入）、汇兑损失（减汇兑收益）、银行的手续费等。

销售费用是指企业在产品销售过程中所发生的各种费用，包括运输费、装卸费、包装费、保险费、展览费、广告费等。

3. 所得税

所得税是企业依照国家税法的规定，就其生产、经营所得和其他所得向国家缴纳的税金。企业所得税是企业在生产经营过程中的一部分耗费，属于费用性质。

企业所得税通常是按月预交，年终结算。在不存在减免税情况下一般的税率为 25%。计算公式：

应交所得税＝应纳税所得额×适用的税率（应纳税所得额＝利润总额±所得税前利润中予以调整的项目）

4. 利润分配的内容和程序

企业实现的净利润，应当按照国家规定进行分配。企业当年实现的净利润加上年初未分配利润和盈余公积补亏后的余额，即为可供分配的利润。企业利润分配的主要内容和程序如下：

（1）提取盈余公积。法定盈余公积一般按照本年实现净利润的 10% 提取。任意盈余公积没有提取比例限制。

（2）分配给投资者。

5. 财务成果核算应设置的账户

"本年利润"、"利润分配"、"所得税费用"等账户。主要会计分录：

计算所得税时，应借记"所得税费用"账户，贷记"应交税费"账户；期末结转各项收支时，借记各收入账户，贷记"本年利润"账户，同时借记"本年利润"账户，贷记各费用支出账户；进行利润分配时，借记"利润分配"账户，贷记"盈余公积"、"应付股利"等账户；年终结转净利润时，借记"本年利润"账户，贷记"利润分配——未分配利润"账户。

重要概念及复习思考题

一、重要概念

1. 实收资本　　　　2. 短期借款　　　　3. 生产费用

4. 生产成本　　　　5. 直接材料费　　　6. 直接人工费

7. 制造费用　　　　8. 期间费用　　　　9. 固定资产折旧

10. 管理费用　　　　11. 财务费用　　　　12. 销售费用

13. 利润　　　　　　14. 所得税　　　　　15. 利润分配

16. 盈余公积

二、复习思考题

1. 制造业企业的经济业务主要包括哪些？为了反映和监督这些经济业务应设置哪些账户？这些账户之间的联系是什么？

2. 短期借款核算的主要内容包括哪些？短期借款利息如何核算？

3. 说明材料采购业务核算的主要内容，"材料采购"、"原材料"账户的用途和结构特点以及主要的会计分录是什么？

4. 材料采购成本由哪些内容构成？如何计算材料采购成本？

5. 什么是生产费用？什么是生产成本？二者关系如何？

6. 简要说明产品成本计算的一般程序。

7. 进行产品生产业务的核算为什么要分别设置"生产成本"和"制造费用"账户？核算的主要内容和相应的会计分录都包括哪些？

8. 产品销售过程的主要业务有哪些？应设置哪些账户进行核算？主要的会计分录有哪些？

9. 财务成果核算的主要内容包括什么？企业利润的构成内容及各项指标的关系是什么？

10. 利润分配的内容和程序是什么？

11. 说明"本年利润"和"利润分配"账户的用途和登记方法，以及两个账户之间的关系。

自测练习题及参考答案

一、单项选择题

1. 下列项目中，不通过"应付账款"科目核算的是（　　）。

　　A. 应付货物负担的增值税进项税额

　　B. 应付货物的采购价款

　　C. 应付销售企业代垫的运杂费

　　D. 应付固定资产租金

2. 某企业本期借款利息支出共 7000 元，存款利息收入共 1000 元，财务费用账户期末结账前余额应为（　　）元。

　　A. 借方余额 6000　　　　　　　　B. 贷方余额 6000

　　C. 借方余额 8000　　　　　　　　D. 0

3. 未分配利润的数额等于（　　）。

　　A. 留存收益

　　B. 当年实现的税后利润

　　C. 当年实现的税后利润加年初未分配利润

　　D. 当年实现的税后利润加年初未分配利润，减当年分配的利润后的数额

4. 除采用按年度计划分配率分配法的企业外，"制造费用"科目月

末（　　）。

A. 无余额　　　　　　　　　B. 有余额

C. 有借方余额　　　　　　　D. 有贷方余额

5. 下列各项费用发生时,不能直接借记"生产成本"科目的是（　　）。

A. 车间生产工人福利费　　　B. 车间生产工人工资

C. 车间管理人员工资　　　　D. 构成产品实体的原料费用

6. 某企业1月初通过银行转账,预付保险费8400元,其中,生产车间7200元,行政管理部门1200元,分3个月摊销,则1月应借记"制造费用"（　　）元。

A. 2400　　　　　　　　　　B. 2800

C. 400　　　　　　　　　　 D. 0

7. 为基本生产车间租用设备预付的租金按月摊销时,应借记的科目是（　　）。

A. "财务费用"科目　　　　　B. "管理费用"科目

C. "生产成本"科目　　　　　D. "制造费用"科目

8. 产品成本项目不包括（　　）。

A. 制造费用　　　　　　　　B. 期间费用

C. 直接人工　　　　　　　　D. 直接材料

9. 经年终利润结转后,可能有余额的账户是（　　）。

A. 本年利润

B. 利润分配——未分配利润

C. 利润分配——提取盈余公积

D. 利润分配——盈余公积补亏

10. 以下项目中,不属于期间费用的是（　　）。

A. 制造费用　　　　　　　　B. 管理费用

C. 销售费用　　　　　　　　D. 财务费用

11. 法定盈余公积按照（　　）的10%的比例提取。

A. 税后利润　　　　　　　　B. 可供分配利润

    C. 本年利润   D. 注册资本

12. 某公司年初未分配利润为贷方余额 1000 万元,本年净利润为 800
    万元。若按 10%计提法定盈余公积,则本年可以提取的法定盈余
    公积为(   )万元。

    A. 80   B. 20

    C. 0   D. 180

13. 因商品交易发生债务,签发在一定日期承诺支付一定款项的商业
    汇票,应通过哪个账户核算(   )。

    A. 应付账款   B. 应付债券

    C. 应付票据   D. 长期借款

14. 工业企业在一定时期内发生的、用货币表现的各种生产耗费,称
    为(   )。

    A. 成本会计对象   B. 生产费用

    C. 产品成本   D. 经营管理费用

15. 工业企业取得的存款利息收入应记入(   )账户。

    A. 财务费用   B. 其他业务收入

    C. 营业外收入   D. 投资收益

二、多项选择题

1. 在工业企业的生产过程,其资金变化的形态有(   )。

    A. 储备资金转化为生产资金   B. 货币资金转化为生产资金

    C. 固定资金转化为生产资金   D. 生产资金转化为成品资金

2. 以下可能成为原材料账户对应账户的有(   )。

    A. 其他业务成本   B. 本年利润

    C. 在建工程   D. 主营业务成本

3. 企业实收资本增加的途径主要有(   )。

    A. 投资人投入   B. 盈余公积转增

    C. 资本公积转增   D. 利润增加

4. 关于生产费用与产品成本之间的关系,下列说法正确的有(   )。

A. 一定时期发生的生产费用是构成产品成本的基础

B. 产品成本与一定的时期无关,与一定种类和数量产品相关

C. 生产费用与一定的时期相联系,与生产哪一种产品无关

D. 生产费用可能属于期间费用,不一定计入产品成本

5. 实际支付短期借款的利息费用时,可能使用的会计科目有( )。

　　A. 财务费用　　　　　　　　B. 应付利息

　　C. 管理费用　　　　　　　　D. 银行存款

6. 法定盈余公积的主要用途有( )。

　　A. 对外捐赠　　　　　　　　B. 弥补亏损

　　C. 转增资本　　　　　　　　D. 用于职工福利

7. 下列各项中,影响年末未分配利润的因素有( )。

　　A. 年初未分配利润　　　　　B. 净利润

　　C. 提取盈余公积　　　　　　D. 盈余公积补亏

8. 企业接受投资者作为资本投入的资产,可以是( )。

　　A. 货币资金　　　　　　　　B. 固定资产

　　C. 原材料　　　　　　　　　D. 无形资产

9. 企业发生的亏损可以以( )弥补。

　　A. 投资收益　　　　　　　　B. 5 年内实现的税前利润

　　C. 税后利润　　　　　　　　D. 盈余公积

10. 企业的留存收益包括( )。

　　A. 法定盈余公积　　　　　　B. 任意盈余公积

　　C. 资本公积　　　　　　　　D. 未分配利润

11. 下列各项中应计入产品成本的费用有( )。

　　A. 专设销售机构人员的工资　B. 车间管理人员的工资

　　C. 车间生产工人的工资　　　D. 企业管理部门人员的工资

12. 以下账户中可能成为本年利润账户对应账户的有( )。

　　A. 主营业务收入　　　　　　B. 投资收益

　　C. 应付利润　　　　　　　　D. 盈余公积

13. 贷记银行存款,则借记的会计科目可能是( )。

A. 库存现金 B. 本年利润

C. 应付职工薪酬 D. 应付利息

14. 下列内容中属于利润分配核算的有( )。

A. 提取盈余公积 B. 向投资者分配利润

C. 提取福利费 D. 计算应纳所得税

15. "制造费用"科目核算的内容包括( )。

A. 水电费 B. 保险费

C. 折旧费 D. 车间管理人员工资

三、判断题

1. 法定资本制度下,企业的实收资本与注册资本相一致。( )

2. 股份有限公司的实收资本即股本,应等于企业的注册资本。( )

3. 投资者向企业投入的资本,在企业持续经营期间内,不得以任何方式抽回。( )

4. 短期借款是企业向银行或其他金融机构借入的、本年度应偿还的各种借款。( )

5. 外购材料的单位采购成本就是供货单位发票上的单价。( )

6. 企业应付的非商品结算款项,不在"应付账款"账户内核算。( )

7. 企业的应付和预收款项均应按债权人设置明细账,进行明细核算。( )

8. 期间费用指费用的确认标准按期间而非按产品,故在制造业企业也就是生产费用。( )

9. 企业的期间费用直接从当期收入中补偿,而构成产品成本的费用则须在产品销售后才能得到补偿。( )

10. 如果将管理费用误记为生产费用,企业将虚增本期的利润,而以后相关期间的利润被虚减。( )

11. 生产费用是当期发生的,当期及以后期间需计入生产成本的费用的总称。( )

12. 所得税是企业的一项费用支出,而非利润分配。(　　)

13. 增值税是企业销售收入的抵减项目。(　　)

14. 能与"本年利润"账户发生对应关系的账户有"主营业务收入"、"盈余公积"和"所得税费用"。(　　)

四、练习题

练习一

一、目的:练习利润分配。

二、资料:A公司2008年实现利润1000000元(假设无纳税调整项目);年初未分配利润30000元;该公司适用所得税税率为25%,1～11月已预交200000元;按税后利润的10%提取法定盈余公积,同时,根据股东会决议提取任意盈余公积60000元;向投资者分配现金股利400000元。

三、要求:根据以上资料,列式计算:

(1)应纳所得税=

(2)应补缴所得税=

(3)应提取盈余公积=

(4)年末未分配利润=

练习二

一、目的:练习产品成本的计算。

二、资料:某企业2008年6月有关资料如下:

本月发生费用如下:材料费用38000元,其中甲产品耗用21000元,乙产品耗用17000元;生产工人工资3650元,其中甲产品生产工人工资2250元,乙产品生产工人工资1400元;生产工人福利费按生产工人工资总额14%提取;制造费用总额1095元,按生产工人工资比例分配。月末甲产品完工20件,乙产品完工20件。

三、要求:列式计算本期完工甲、乙产品的总成本和单位成本。

练习三

一、目的：练习用借贷记账法编制会计分录。

二、资料：新华公司 2008 年 12 月发生下列经济业务：

1. 向科达公司购进甲材料 10 吨，每吨 1000 元，增值税进项税额 1700 元，款项尚未支付，材料已验收入库，同时用现金 500 元支付该批材料的运杂费。结转入库材料成本。

2. 出售给信达公司 A 产品 100 件，每件售价 100 元，增值税税率 17%，货款及税款尚未收到。

3. 生产 A 产品领用甲材料 20000 元，生产 B 产品领用乙材料 12000 元。

4. 用银行存款支付生产车间设备日常维修费 300 元。

5. 出售给万事达公司 B 产品 200 件，每件售价 150 元，货款共计 30000 元，增值税税率 17%。收到万事达公司签发并承兑的一张面额为 20000 元、期限为 3 个月的商业汇票，余款收到，存入银行。

6. 本月应付工资为 30000 元，其中 A 产品生产工人工资为 8000 元，B 产品生产工人工资为 6000 元，生产车间管理人员工资为 4600 元，行政管理人员工资为 11400 元。

7. 本月应计提固定资产折旧 1600 元，其中生产车间使用的固定资产应计提 1000 元，行政部门使用的固定资产应计提 600 元。

8. 将本月发生的制造费用按 A、B 产品生产工人工资比例分摊计入各产品生产成本。

9. 本月生产的 A、B 产品全部完工并验收入库，结转其实际生产成本。

10. 结转本月产品销售成本 28000 元，其中 A 产品销售成本为 8000 元，B 产品销售成本为 20000 元。

11. 将本月各项收入转入“本年利润”账户。

12. 将本月各项费用支出转入“本年利润”账户。

13. 年终决算，企业全年实现利润 120000 元，计算出全年应交所得税

30000元入账。

14. 按规定从净利润中提取盈余公积金9000元,经决定分配给投资者利润70000元。

15. 将本年所得税转入"本年利润"账户。

16. 将本年净利润转入"利润分配"账户。

17. 将本年已分配利润转入"利润分配——未分配利润"账户。

三、要求:根据以上资料编制会计分录(凡能明确明细科目的,应在分录中列出)。

练习四

一、目的:练习用借贷记账法编制会计分录。

二、资料:某工业企业2008年11月份发生下列业务:

1. 从银行存款中提取现金300元。

2. 财务科以现金预借给采购员张见差旅费1000元。

3. 以银行存款缴清上月欠缴税额3000元。

4. 购入材料80000元,增值税税率17%,材料已入库,货款尚未支付。

5. 投资者甲投入机器一台,价值35000元。

6. 向银行借入短期借款15000元,存入银行。

7. 以银行存款偿还N公司货款12000元。

8. 生产车间领用材料一批,其中用于生产A产品8000元,生产B产品3000元,车间一般消耗1000元。

9. 收到K公司还来货款35000元,存入银行。

10. 以银行存款归还短期借款9000元。

11. 销售A产品一批,货款50000元,增值税税率17%,款项尚未收到。

12. 销售B产品一批,货款80000元,增值税税率17%,款项已存入银行。

13. 企业管理部门领用500元材料,用于维修。

14. 分配本月职工工资,其中,生产 A 产品工人工资 13000 元,生产 B 产品工人工资 12000 元,车间管理人员工资 2250 元,行政管理人员工资 3750 元。

15. 计提本月固定资产折旧,车间使用的固定资产计提 1500 元,企业管理部门使用的固定资产计提 1725 元。

16. 预提应由本月负担的短期借款利息 500 元。

17. 按生产工人工资标准分配结转本月制造费用 4750 元。

三、要求:根据以上资料编制会计分录(凡能明确明细科目的,应在分录中列出)。

练习五

一、目的:练习用借贷记账法编制会计分录。

二、资料:信达公司 2008 年 12 月发生如下经济业务:

1. 向民丰厂购入甲材料 20 吨,每吨 1000 元,购入乙材料 20 吨,每吨 500 元,增值税进项税额 5100 元,全部款项未付。

2. 以银行存款支付甲、乙材料共同运杂费 500 元(运杂费按材料重量比例分配),甲、乙材料均已运到,验收入库,结转其实际采购成本。

3. 仓库发出甲材料 16 吨,每吨 1000 元,用于 A 产品生产,发出乙材料 8 吨,每吨 500 元,其中 6 吨用于 B 产品生产,2 吨用于车间一般性耗用。

4. 售给大达公司 A 产品 3000 件,每件售价 100 元,B 产品 4000 件,每件售价 50 元,增值税销项税额 85000 元,款项收到存入银行。

5. 结算本月职工工资,其中 A 产品生产工人工资 36000 元,B 产品生产工人工资 9000 元,车间管理人员工资 5000 元,行政管理人员工资 25000 元。

6. 以银行存款支付本月产品广告费 10000 元。

7. 预提应由本月份负担的银行借款利息 500 元。

8. 计提本月固定资产折旧 6000 元,其中车间固定资产应提折旧 3800 元,行政管理部门应提折旧 2200 元。

9. 以银行存款 600 元支付车间仪表修理费。

10. 将本月发生的制造费用按 A、B 产品生产工人工资比例分配计入生产成本。

11. 本月生产的 A 产品全部完工验收入库,结转其实际生产成本,B 产品尚未完工。

12. 结转本月已销售产品成本 298700 元,其中 A 产品销售成本为 179220 元,B 产品销售成本 119480 元。

13. 将本月各项收入转入"本年利润"账户。

14. 将本月各项费用支出转入"本年利润"账户。

15. 年终决算后,按税法规定,计算全年应交所得税为 752400 元。

16. 将本年所得税转入"本年利润"账户。

17. 按规定从净利润中提取法定盈余公积金 150000 元,经决定给投资者分配利润 300000 元。

三、要求:根据以上资料编制会计分录(凡能明确明细科目的,应在分录中列出)。

练习六

一、目的:练习用借贷记账法编制会计分录。

二、资料:天鹰公司 2008 年 12 月发生下列经济业务:

1. 收到国家投入的货币资金 250000 元存入银行。

2. 月末从银行借入短期借款 5000 元,年利率为 8%,利息每季度结算一次,所得借款存入银行。

3. 购进材料一批,买价 98000 元,运杂费 2500 元,增值税进项税额 16660 元,所有款项已用银行存款支付。

4. 上述材料验收入库,结转入库材料的实际成本。

5. 接受某企业投资的机床一台,原值 40000 元,已提折旧 10000 元,投资合同约定价值为 30000 元。

6. 仓库发出材料 32000 元,其中产品生产耗用 29000 元,车间一般性消耗 2200 元,行政管理部门耗用 800 元。

7. 结算本月应付职工工资 31000 元,其中生产工人工资 18000 元,车间管理人员工资 4200 元,行政管理部门人员工资 8800 元。

8. 按照工资总额的 14% 提取职工福利费。

9. 向宏光公司销售产品一批,价款 36000 元,增值税销项税额 6120 元,产品已发出,但货款和税款尚未收到。

10. 计提本月固定资产折旧费,其中生产用固定资产应计折旧 4200 元,行政管理部门用固定资产应计折旧 2900 元。

11. 结转本月发生的制造费用。

12. 本月期初在产品成本 1000 元,期末在产品成本 800 元,结转完工入库产品成本。

13. 结转本月已销售产品的生产成本 20000 元。

14. 计算本月销售产品应缴纳的销售税金 2880 元。

15. 用银行存款支付销售费用 1400 元。

16. 期末结转各项收支。

三、要求:根据以上资料编制会计分录(凡能明确明细科目的,应在分录中列出)。

练习七

一、目的:练习用借贷记账法编制会计分录。

二、资料:天信公司 2008 年 6 月发生下列经济业务:

1. 用银行存款归还本月到期的短期借款 200000 元。

2. 收到发达公司发来的甲材料 186000 元,增值税税率 17%。3 个月前已预付货款 150000 元,其余货款用银行存款付清。材料已验收入库,结转材料采购成本(通过“预付账款”账户)。

3. 公司清理往来款项,发现红星工厂三年前所欠的货款 4800 元已无法收回,经批准确认为坏账损失(采用备抵法)。

4. 从 A 工厂购进乙材料 25000 元,增值税税率 17%。签发一张面额为 29250 元的商业汇票交给供货方,期限 3 个月。材料尚未入库。

5. 出售给达丽公司 A 产品 400 件,每件售价 200 元,增值税税率 17%,收到达丽公司签发的一张面额为 93600 元、期限为 3 个月的商业汇票。

6. 生产 A 产品领用甲材料 70000 元,生产 B 产品领用乙材料 45000 元,生产车间一般性消耗丙材料 800 元。

7. 出售给艾尔公司 B 产品 100 件,每件售价 350 元,增值税税率 17%,款项尚未收到。

8. 本月应付工资为 19500 元,其中 A 产品生产工人工资 6000 元,B 产品生产工人工资 4000 元,生产车间管理人员工资 3500 元,行政管理人员工资 6000 元。

9. 按本月应付工资总额的 14% 计提职工福利费。

10. 按规定本月应提固定资产折旧费 3600 元,其中生产车间 2000 元,行政部门 1600 元。

11. 将本月发生的制造费用按 A、B 产品生产工人工资比例分摊计入生产成本。

12. 本月生产的 A、B 产品全部完工,验收入库,结转其实际生产成本。

13. 结转本月产品销售成本,A 产品为 48000 元,B 产品为 28000 元。

14. 用现金购买行政部门办公用品 800 元。

15. 将本月有关收入转入"本年利润"账户。

16. 将本月有关费用支出转入"本年利润"账户。

三、要求:根据以上资料编制会计分录(凡能明确明细科目的,应在分录中列出)。

参考答案

一、单项选择题

1. D	2. A	3. D	4. A
5. C	6. A	7. D	8. B

9. B　　　　　　10. A　　　　　11. A　　　　　12. A

13. C　　　　　　14. B　　　　　15. A

二、多项选择题

1. A、B、C、D　　2. A、C　　　　3. A、B、C　　　4. A、B、C

5. A、B、D　　　　6. B、C　　　　7. A、B、C、D　　8. A、B、C、D

9. B、C、D　　　　10. A、B、D　　11. B、C　　　　12. A、B

13. A、C、D　　　14. A、B　　　　15. A、B、C、D

三、判断题

1. √　　　　　　2. √　　　　　3. √　　　　　4. ×

5. ×　　　　　　6. √　　　　　7. √　　　　　8. ×

9. √　　　　　　10. √　　　　　11. √　　　　　12. √

13. ×　　　　　　14. ×

四、练习题

（略）

第五章　账户的分类

一、学习目的和要求

通过本章学习，了解账户分类的意义和标准；掌握账户按经济内容分为哪些类别，账户按用途和结构分为哪些类别，各类账户之间的区别和联系；对每一类账户，要能正确地用以登记经济业务，包括登记借方和贷方发生额，结出期末余额。

二、重点内容

(一)账户分类的意义及标准

（略）

(二)账户按经济内容分类

1. 资产类账户

用来反映和监督企业所拥有或控制的能以货币计量的经济资源增减变

化的账户。资产类账户按资产的流动性强弱,又可以分为反映流动资产的账户和反映非流动资产的账户。

2. 负债类账户

用来反映和监督企业所负担的能以货币计量的,需以资产或劳务偿付的债务增减变化情况的账户。按照负债的流动性,负债类账户可以分为反映流动负债的账户与反映长期负债的账户。

3. 所有者权益类账户

用来反映和监督企业的投入资本、资本公积、盈余公积及未分配利润增减变化情况的账户。按照所有者权益来源的不同,这类账户又可分为反映原始投资的账户与反映所有者投资收益的账户两类。

4. 成本类账户

用来反映和监督企业生产费用,计算产品成本的账户。

5. 损益类账户

反映企业损益增减变动情况的账户。按损益的性质不同,可分为反映营业损益的账户和反映营业外损益的账户两类。

(三)账户按用途和结构的分类

1. 盘存账户

用来反映和监督各种能够进行实物盘点的财产物资和货币资金增减变化及其结存数的账户。属于盘存类的账户有:"库存现金"、"银行存款"、"原材料"、"库存商品"、"固定资产"等账户。

2. 结算账户

用来反映和监督企业同其他单位或个人之间发生的债权、债务结算情况的账户。由于结算业务的性质不同,因而结算账户又具有不同的用途和结构。按照账户的用途和结构的不同,可分为债权结算账户、债务结算账户和债权债务结算账户三类。

(1)债权结算账户亦称资产结算账户,是用来反映和监督企业同其他单位或个人之间的债权结算业务的账户。

(2)债务结算账户亦称负债结算账户,是用来反映和监督企业同其他单位或个人之间的债务结算业务的账户。

(3)债权债务结算账户又叫往来结算账户,是用来反映和监督企业同其他单位或个人之间的往来结算业务的账户。这类账户既反映债权结算业务,又反映债务结算业务,是双重性质的结算账户。

3. 所有者投资账户

亦称资本账户,是用来反映和监督企业所有者投资的增减变动及其结存情况的账户。属于这类账户的有“实收资本”、“资本公积”、“盈余公积”等账户。

4. 集合分配账户

用来归集分配企业生产经营过程中某个阶段所发生的某种费用的账户。企业在经营过程中有时会发生一些间接费用,不能直接计入某个成本计算对象,而应由各个成本计算对象共同负担的费用,这些费用应先通过集合分配账户进行归集,然后再按照一定标准分配计入各个成本计算对象,属于这类账户的,主要是“制造费用”。

5. 跨期摊提账户

用来反映和监督应由几个会计期间共同负担的费用,并将这些费用在各个会计期间摊配或预提的账户。

6. 成本计算账户

用来反映和监督生产经营过程中某一阶段所发生的全部费用,确定该阶段各个成本计算对象实际成本的账户。属于成本计算账户的有“生产成本”、“材料采购”、“劳务成本”等账户。

7. 收入账户

用来反映和监督企业在一定时期(月份、季度或年度)内所取得的各种

收入和收益的账户。属于这类账户的有"主营业务收入"、"营业外收入"等
账户。

8. 费用账户

用来反映和监督企业在一定会计期间内所发生的,应计入当期损益的
各种费用的账户。属于这类账户的有"主营业务成本"、"销售费用"、"营业
税金及附加"、"管理费用"、"财务费用"、"营业外支出"、"所得税费用"等
账户。

9. 财务成果账户

用来反映和监督企业在一定时期(月份、季度、年度)内全部生产经营活
动的最终财务成果的账户。属于这类账户的有"本年利润"账户。

10. 计价对比账户

用来对某项经济业务按照两种不同的计价标准进行对比,借以确定其
业务成果的账户。属于此类账户的有按计划成本进行日常核算企业所设置
的"材料采购"账户。

11. 调整账户

为了求得被调整账户的实际余额而设置的账户。反映和监督原始数额
的账户,称为被调整账户;反映和监督对原始数额进行调整的账户,称为调
整账户。

调整账户按其调整被调整账户的方式不同,可分为备抵账户、附加账户
和备抵附加账户三类。

(1)备抵账户。亦称抵减账户,是用来抵减被调整账户的余额,以求得
被调整账户的实际余额的账户。按照被调整账户的性质,备抵账户又可分
为资产备抵账户和权益备抵账户两类。

(2)附加账户。是用来增加被调整账户的余额,以求得被调整账户实际
余额的账户。

(3)备抵附加账户。是既用来抵减又用来增加被调整账户的余额,以求
得被调整账户的实际余额的账户。备抵附加账户兼有备抵账户和附加账户

两种作用。但不同时起作用,是发挥备抵还是附加的作用要以调整账户的余额与被调整账户的余额方向是否一致而定。

重要概念及复习思考题

一、重要概念

1. 资产类账户　　　　2. 负债类账户　　　　3. 所有者权益类账户

4. 成本类账户　　　　5. 损益类账户　　　　6. 盘存账户

7. 结算账户　　　　　8. 所有者投资账户　　9. 集合分配账户

10. 跨期摊提账户　　　11. 成本计算账户　　　12. 收入账户

13. 费用账户　　　　　14. 财务成果账户　　　15. 计价对比账户

16. 调整账户

二、复习思考题

1. 为什么要研究账户的分类?

2. 账户按经济内容分类可以分为哪几类? 每类中主要包括哪些账户?

3. 什么是账户的用途和结构? 按用途和结构分类可以分为哪几类? 每类中主要包括哪些账户?

4. 账户为什么既要按经济内容分类,又要按用途和结构分类? 两种分类的关系如何? 举例说明。

5. 什么是债务结算账户? 为什么在核算中要设置债权债务结算账户? 举例说明。

6. 集合分配账户与费用账户在用途和结构上的异同点是什么？

7. 什么是调整账户？举例说明。为什么在核算中要设置调整账户？调整方式有哪几种？

8. 以"累计折旧"账户与"固定资产"账户、"利润分配"账户与"本年利润"账户的关系为例，说明调整账户使用的特点。

9. 什么是计价对比账户？举例说明账户结构的特点是什么？

自测练习题及参考答案

一、单项选择题

1. 按照经济内容分类，"预收账款"账户属于(　　)。

    A. 资产类账户 　　　　　　B. 负债类账户

    C. 费用类账户 　　　　　　D. 利润类账户

2. 用来核算和监督企业在一定时期内所发生的应记入当期损益的各项费用、成本和支出的账户是(　　)。

    A. 成本计算账户 　　　　　B. 财务成果账户

    C. 费用账户 　　　　　　　D. 结算账户

3. 在下列所有者权益账户中，反映所有者原始投资的账户是(　　)。

    A. 实收资本 　　　　　　　B. 盈余公积

    C. 本年利润 　　　　　　　D. 利润分配

4. 集合分配账户有(　　)。

    A. 管理费用 　　　　　　　B. 制造费用

    C. 财务费用 　　　　　　　D. 营业费用

5. 下列账户中属于成本计算账户的是(　　)。

    A. 主营业务成本 　　　　　B. 制造费用

    C. 生产成本 　　　　　　　D. 管理费用

6. 下列账户中不属于调整账户的是(　　)。

A. 利润分配　　　　　　　　　B. 坏账准备

C. 累计折旧　　　　　　　　　D. 应收账款

7. 调整账户当其余额与被调整账户在不同借贷方向时,属于(　　　)。

A. 附加调整账户　　　　　　　B. 结算账户

C. 备抵调整账户　　　　　　　D. 计价对比账户

8. 下列不是按用途和结构分类的是(　　　)。

A. 成本计算账户　　　　　　　B. 财务成果账户

C. 成本类账户　　　　　　　　D. 计价对比账户

9. 结算类账户的期末余额(　　　)。

A. 在借方　　　　　　　　　　B. 在贷方

C. 可能在借方,也可能在贷方　D. 以上都不对

10. 下列账户中,既属于结算账户的,又属于负债类账户的是(　　　)。

A. "应收账款"账户　　　　　　B. "预收账款"账户

C. "应收票据"账户　　　　　　D. "预付账款"账户

二、多项选择题

1. 账户的结构,具体包括(　　　)。

A. 账户借方核算的内容　　　　B. 账户贷方核算的内容

C. 账户期末余额的方向　　　　D. 账户余额所表示的内容

2. 下列账户中属于费用账户的是(　　　)。

A. 主营业务成本　　　　　　　B. 生产成本

C. 制造费用　　　　　　　　　D. 管理费用

E. 营业外支出

3. 下列账户中属于资产备抵账户的有(　　　)。

A. 累计折旧　　　　　　　　　B. 利润分配

C. 坏账准备　　　　　　　　　D. 应收账款

E. 本年利润

4. 下列账户期末如有余额,在借方的有(　　　)。

A. 债权结算账户　　　　　　　B. 资本账户

    C. 盘存账户　　　　　　　　　D. 成本计算账户

    E. 跨期摊提账户

5. "制造费用"账户按其不同标志可能属于(　　　)。

    A. 负债类账户　　　　　　　　B. 集合分配账户

    C. 费用类账户　　　　　　　　D. 成本类账户

    E. 成本计算账户

三、判断题

1. "固定资产"、"累计折旧"、"坏账准备"、"应收账款"和"材料成本差异"账户都属于调整账户。(　　　)

2. "应收账款"账户的余额总是在借方。(　　　)

3. "累计折旧"账户按经济内容分类,应属于资产类账户。(　　　)

4. "制造费用"账户按其用途和结构分类,属于成本计算账户。(　　　)

5. 按经济内容分类,"本年利润"应属于所有者权益类账户。(　　　)

6. 按经济内容分类,"应付账款"账户属于负债类账户,但在出现借方余额时,也可以属于资产类账户。(　　　)

7. 按用途和结构分类,"材料采购"账户应属于资产结算账户。(　　　)

8. 按用途和结构分类,"主营业务成本"账户属于费用类账户。(　　　)

9. 按用途和结构分类,"累计折旧"账户应属于备抵调整账户。(　　　)

10. 备抵调整账户的余额方向与被调整账户的余额方向一定相反。(　　　)

11. 调整账户和被调整账户的余额方向总是相反的。(　　　)

12. "累计折旧"账户期末余额在贷方,因此,它属于负债类账户。(　　　)

13. 盘存账户的余额总是在借方。(　　　)

14. 企业各月月末都有在产品的情况下,"生产成本"账户就其结构和用途划分,既是成本计算账户,又是盘存类账户。(　　　)

参考答案

一、单项选择题

1. B	2. C	3. A	4. B
5. C	6. D	7. C	8. C
9. C	10. B		

二、多项选择题

1. A、B、C、D	2. A、D、E	3. A、C	4. A、C、D
5. B、D			

三、判断题

1. ×	2. ×	3. √	4. ×
5. √	6. √	7. ×	8. √
9. √	10. √	11. ×	12. ×
13. √	14. √		

第六章 会计凭证

一、学习目的和要求

本章阐述会计凭证的填制和审核问题。学习本章,要求理解会计凭证的作用和种类;原始凭证的填制和审核;记账凭证的填制和审核;会计凭证的传递和保管;掌握填制原始凭证和记账凭证的技术和方法。

二、重点内容

(一)会计凭证的意义和种类

会计凭证是记录经济业务,明确经济责任的书面证明,也是登记账簿的依据。

填制和审核会计凭证,可以反映每项经济业务的具体情况,并作为记账依据;可以对经济业务进行日常监督;可以加强经济责任制。

会计凭证按其填制程序和用途,可分为原始凭证和记账凭证两种。

(二)会计凭证的种类

1. 原始凭证

原始凭证是在经济业务发生时取得或者填制的,用以证明经济业务发生或者完成情况,并作为记账原始依据的会计凭证。

原始凭证按其取得来源,可以分为外来原始凭证和自制原始凭证;按其填制手续和方法不同又可以分为一次凭证、累计凭证、汇总原始凭证和记账编制凭证;按其主要作用又可以分为证明凭证和计算凭证。

(1)一次凭证,是指只反映一项经济业务,或者同时反映若干项同类性质的经济业务,其填制手续是一次完成的会计凭证。如企业购进材料验收入库,由仓库保管员填制的"收料单"。

(2)累计凭证,是指在一定时期内连续记载若干项同类经济业务的会计凭证。如"限额领料单"就是累计凭证。

(3)汇总原始凭证,是指在会计核算工作中,为简化记账凭证的编制工作,将一定时期内若干份记录同类经济业务的原始凭证汇总编制一张汇总凭证,用以集中反映某项经济业务总括发生情况的会计凭证。如"收料凭证汇总表"、"发料凭证汇总表"等。

(4)记账编制凭证,是根据账簿记录,把某一项经济业务加以归类、整理而重新编制的一种会计凭证。如"制造费用分配表"、"成本计算单"等。

在上述分类中,有些原始凭证按不同的分类标准可分属于不同的种类,如"收料单"既是自制原始凭证,又是证明原始凭证,也是一次凭证。另外,各种凭证间还有关系:外来凭证大多为一次凭证,计算凭证大多为自制凭证,累计凭证大多也为自制凭证等。

2. 记账凭证

记账凭证是会计人员根据审核无误的原始凭证或汇总原始凭证填制的,用来确定经济业务应借、应贷的会计科目和金额,作为登记账簿直接依据的会计凭证。

(1)记账凭证按其适用的经济业务,分为专用记账凭证和通用记账凭证两类。

专用记账凭证,是用来专门记录某一类经济业务的记账凭证。专用记账凭证按其所记录的经济业务与现金和银行存款的收付有无关系,又可分为收款凭证、付款凭证和转账凭证三种。

通用记账凭证的格式,不再分为收款凭证、付款凭证和转账凭证,而是以同一种格式记录全部经济业务。

(2)记账凭证按其包括的会计科目是否单一,分为复式记账凭证和单式记账凭证两类。

复式记账凭证,又叫做多科目记账凭证,要求将某项经济业务所涉及的每个会计科目集中填列在一张记账凭证上。

单式记账凭证,又叫做单科目记账凭证,要求将某项经济业务所涉及的每个会计科目,分别填制记账凭证,每张记账凭证只填列一个会计科目,其对方科目只供参考,不凭以记账。

(3)记账凭证按其是否经过汇总,可以分为汇总记账凭证和非汇总记账凭证两种。

汇总记账凭证是根据非汇总记账凭证按一定的方法汇总填制的记账凭证。汇总记账凭证按汇总方法不同,可分为分类汇总和全部汇总两种。

非汇总记账凭证,是没有经过汇总的记账凭证,前面介绍的收款凭证、付款凭证和转账凭证以及通用记账凭证都是非汇总记账凭证。

(三)原始凭证的填制和审核

1. 原始凭证的内容

原始凭证的内容通常称为凭证要素,主要有:

(1)原始凭证的名称。

(2)填制原始凭证的日期和原始凭证的编号。

(3)接受原始凭证的单位名称。

(4)经济业务的主要内容,其中包括经济业务发生的金额。

(5)填制原始凭证的单位及经办人员签章。

(6)原始凭证的附件。

2. 原始凭证的填制方法

一次凭证的填制手续是在经济业务发生或完成时,由经办人填制的,一般只反映一项经济业务,或者同时反映若干项同类性质的经济业务。

累计凭证是在一定时期不断重复地反映同类经济业务的完成情况,它是由经办人每次经济业务完成后在其上面重复填制而成的。

外来原始凭证是在企业同外单位发生经济业务时,由外单位的经办人填制的,用以记录经济业务发生及完成情况的书面证明。

3. 填制原始凭证的要求

(1)凭证所反映的经济业务必须合法,必须符合国家有关政策、法令、规章、制度的要求。

(2)填制在凭证上的内容和数字,必须真实可靠,要符合有关经济业务的实际情况。

(3)各种凭证的内容必须逐项填写齐全,不得遗漏,必须符合手续完备的要求,经办业务的有关部门和人员要认真审查,签名盖章。

(4)各种凭证的书写要用蓝黑墨水,文字要简要,字迹要清楚,易于辨认。

(5)大小写金额数字要正确填写,符合规范。

(6)各种凭证不得随意涂改、刮擦、挖补,发现原始凭证有错误的,应当由开出单位重开或者更正,更正处应当加盖开出单位的公章。

(7)各种凭证必须连续编号,以便查考。各种凭证如果已预先印定编号,在写坏作废时,应当加盖"作废"戳记,全部保存,不得撕毁。

(8)各种凭证必须及时填制,一切原始凭证都应按照规定程序及时送交财会部门,由财会部门加以审核,并据以编制记账凭证。

4. 原始凭证的审核

原始凭证的审核,具体包括:

(1)审核原始凭证的合法性。

(2)审核原始凭证的合理性。

(3)审核原始凭证的完整性。

(4)审核原始凭证的正确性。

(5)审核原始凭证的及时性。

(四)记账凭证的填制和审核

1. 记账凭证的基本内容

(1)记账凭证的名称。

(2)记账凭证的日期和编号。

(3)填制单位的名称。

(4)经济业务的内容摘要。

(5)会计科目(包括一级、二级和明细科目)的名称、记账方法和金额。

(6)所附原始凭证的张数。

(7)制证、审核、记账、会计主管等有关人员的签章,收、付款凭证还要有出纳人员的签名或盖章。

2. 记账凭证的填制方法

(1)收款凭证的填制方法。收款凭证是用来记录货币资金收款业务的凭证,它是由出纳人员根据审核无误的原始凭证收款后填制的。在借贷记账法下收款凭证的设证科目是借方科目。在收款凭证左上方所填列的借方科目,应是"库存现金"或"银行存款"科目。在凭证内所反映的贷方科目,应填列与"库存现金"或"银行存款"相对应的科目。金额栏填列经济业务实际发生的数额,在凭证的右侧填写所附原始凭证张数,并在出纳及制单处签名或盖章。

(2)付款凭证的填制方法。付款凭证是用来记录货币资金付款业务的凭证,它是由出纳人员根据审核无误的原始凭证付款后填制的。在借贷记账法下,付款凭证的设证科目是贷方科目,在付款凭证左上方所填列的贷方科目,应是"库存现金"或"银行存款"科目。在凭证内所反映的是借方科目,应填列与"库存现金"或"银行存款"相对应的科目。金额栏填列经济业务实际发生的数额,在凭证的右侧填写所附原始凭证张数,并在出纳及制单处签名或盖章。

(3)转账凭证的填制方法。转账凭证是用以记录与货币资金收付无关的转账业务的凭证,它是由会计人员根据审核无误的转账业务原始凭证填制的。在借贷记账法下,将经济业务所涉及的会计科目全部填列在凭证内,借方科目在先,贷方科目在后,将各会计科目所记应借、应贷的金额填列在"借方金额"或"贷方金额"栏内。借、贷方金额合计数应该相等。制单人应在填制凭证后签名盖章,并在凭证的右侧填写所附原始凭证的张数。

(4)通用记账凭证的填制。通用记账凭证是用以记录各种经济业务的凭证。其填列方法与转账凭证的填制方法基本相同。

3. 记账凭证的填制要求

记账凭证的填制除必须做到记录真实、内容完整、填制及时、书写清楚之外,还必须符合下列要求:

(1)"摘要"栏是对经济业务内容的简要说明,要求文字说明简练、概括,以满足登记账簿的要求。

(2)必须按照会计制度统一规定的会计科目,根据经济业务的性质,编制会计分录,以保证核算的口径一致,便于综合汇总。应用借贷记账法编制分录时,应编制简单分录或复合分录,以便从账户对应关系中反映经济业务的情况。

(3)填制记账凭证,可以根据每一份原始凭证单独填制,也可以根据同类经济业务的多份原始凭证汇总填制,还可以根据汇总的原始凭证来填制。但不同类型业务的原始凭证,不能混同编制一份记账凭证。

(4)记账凭证必须连续编号,以便查找且避免凭证散失。

(5)记账凭证上应注明日期。

(6)记账凭证上应注明所附的原始凭证张数,以便查核。

4. 记账凭证的审核

记账凭证的审核,具体包括:

(1)记账凭证是否附有原始凭证,记账凭证的经济内容必须与所附原始凭证的内容相符。

(2)记账凭证的应借、应贷会计科目是否正确,账户对应关系是否清晰,所使用的会计科目及其核算内容是否符合会计制度的规定,金额计算是否准确。

(3)摘要是否填写清楚,项目是否填写齐全,如日期、凭证编号、二级或明细科目,附件张数以及有关人员签章等。

(五)会计凭证的传递和保管

会计凭证的传递,是指会计凭证从填制到归档保管整个过程中,在单位内部各有关部门和人员之间的传递程序和传递时间。

会计凭证的保管,是指会计凭证登账后的整理、装订和归档存查。会计凭证归档保管的主要方法和要求是:

每月记账完毕,要将本月各种记账凭证加以整理,检查有无缺号和附件是否齐全。然后按顺序排列,装订成册。

如果在一个月内,凭证数量过多,可分装若干册,在封面上加注共几册字样。

装订成册的会计凭证,应集中保管,并指定专人负责。查阅时,要有一定的手续制度。

会计凭证的保管期限和销毁手续,必须严格执行会计制度规定。

重要概念及复习思考题

一、重要概念

1. 会计凭证　　2. 原始凭证　　3. 记账凭证

4. 会计凭证的传递　　5. 会计凭证的审核　　6. 汇总原始凭证

7. 汇总记账凭证　　8. 复式记账凭证

二、复习思考题

1. 什么是会计凭证？为什么要填制和审核会计凭证？会计凭证有哪些种类？

2. 什么是原始凭证？原始凭证的具体分类情况如何？

3. 原始凭证的主要内容有哪些？有哪些填制要求？如何审核原始凭证？

4. 什么是记账凭证？记账凭证的具体分类情况如何？

5. 记账凭证的主要内容有哪些？有哪些填制要求？如何对记账凭证进行审核？

6. 正确合理组织会计凭证传递有什么意义？

7. 怎样进行会计凭证的保管？

自测练习题及参考答案

一、单项选择题

1. 原始凭证按（   ）分类，分为一次凭证、累计凭证等类。

　　A. 用途和填制程序　　　　　B. 形成来源

　　C. 填制方式　　　　　　　　D. 作用

2. 下列原始凭证中属于外来原始凭证的有（   ）。

　　A. 提货单　　　　　　　　　B. 发出材料汇总表

　　C. 购货发票　　　　　　　　D. 领料单

3. 下列原始凭证中不属于自制原始凭证的有（   ）。

　　A. 购货发货票　　　　　　　B. 销货发货票

　　C. 销售产品计算表　　　　　D. 交款书

4. 货币收付以外的业务应编制（　　　）。

　　A. 收款凭证　　　　　　　　B. 付款凭证

　　C. 转账凭证　　　　　　　　D. 原始凭证

5. 记账凭证是根据（　　　）填制的。

　　A. 经济业务　　　　　　　　B. 原始凭证

　　C. 账簿记录　　　　　　　　D. 审核无误的原始凭证

6. 科目汇总表属于（　　　）。

　　A. 原始凭证　　　　　　　　B. 原始凭证汇总表

　　C. 累计凭证　　　　　　　　D. 记账凭证

7. 在银行存款日记账的登记中，对于将现金存入银行的存款收入数，
应根据有关的（　　　）登记。

　　A. 现金收款凭证　　　　　　B. 现金付款凭证

　　C. 银行存款收款凭证　　　　D. 银行存款付款凭证

8. 差旅费报销单是（　　　）。

　　A. 自制原始凭证　　　　　　B. 外来原始凭证

　　C. 记账凭证　　　　　　　　D. 转账凭证

9. 会计凭证的传递，是指（　　　），在单位内部有关部门及人员之间的
传递程序和传递时间。

　　A. 会计凭证从取得到编制成记账凭证时止

　　B. 从取得原始凭证到登记账簿时止

　　C. 从填制记账凭证到编制会计报表时止

　　D. 会计凭证从编制时到归档时止

二、多项选择题

1. 会计凭证可以（　　　）。

　　A. 记录经济业务　　　　　　B. 明确经济责任

　　C. 作为登记账簿的依据　　　D. 作为编制报表的依据

2. 会计凭证按用途和填制程序分类，分为（　　　）。

　　A. 原始凭证　　　　　　　　B. 累计凭证

C. 记账凭证 D. 转账凭证

3. 下列凭证中属于自制原始凭证的有( )。

A. 购进发货票 B. 销售发货票

C. 限额领料单 D. 发出材料汇总表

4. 原始凭证的基本要素包括( )。

A. 凭证名称 B. 经济业务内容

C. 填制凭证日期 D. 经办人员的签名和盖章

5. 外来原始凭证( )。

A. 都是一次凭证

B. 一般由税务局等部门统一印制

C. 或经税务部门批准由经济单位印制

D. 加盖出具凭证单位公章方有效

6. 以下所列属于原始凭证的有( )。

A. 领料单 B. 购料合同

C. 收料单 D. 发货票

7. 下列各项经济业务中,不能编制收款凭证的有( )。

A. 销售产品 100 件,货款计 2 万元存入银行

B. 从银行提取现金 10 万元

C. 购入原材料 10 吨,价款 5 万元暂欠

D. 将现金 1 万元存入银行

8. 收款凭证左上角的"借方科目"应该是( )。

A. 库存现金 B. 材料采购

C. 期间费用 D. 银行存款

9. 对涉及会计科目较多的业务,如一张记账凭证不能容纳,可用两张记账凭证,但必须( )。

A. 在第一张记账凭证的合计栏内写明"转次页"

B. 在第二张记账凭证的第一行写明"承上页"

C. 两张凭证共同编号,用 1/2、2/2 分数表示

D. 两张凭证上写上同样的摘要

10. 付款凭证的借方科目应该是（　　）。

A. 银行存款　　　　　　　B. 应付账款

C. 材料采购　　　　　　　D. 应付利息

三、判断题

1. 使用收付转记账凭证时,凡是现金或银行存款减少的经济业务必须填制付款凭证;同理,凡是现金或银行存款增加的经济业务必须填制收款凭证。（　　）

2. 发现原始凭证有错误的,可以由开出单位更正,而不一定重开。（　　）

3. 对弄虚作假的原始凭证,在不予受理的同时,会计人员应当予以扣留。（　　）

4. 列有应借应贷科目的自制原始凭证可以代替记账凭证。（　　）

5. 外来原始凭证遗失时,取得签发单位盖有财务章的证明,经单位负责人批准后,可代作原始凭证。（　　）

6. 所有的会计凭证都是登记账簿的依据。（　　）

7. 有些外来原始凭证也可以累计填列。（　　）

8. 收款凭证一般按现金和银行存款分别编制。（　　）

9. 单式记账凭证是根据单式记账原理编制的记账凭证。（　　）

10. 记账凭证通过会计科目对经济业务进行分类。（　　）

四、练习题

（一）资料:某企业 3 月份发生下列经济业务:

1. 向银行取得借款 300000 元存入银行。

2. 以现金 500 元支付材料的采购费用。

3. 投资者追加投资 1000000 元存入银行。

4. 某职工暂借差旅费 1000 元。

5. 购进材料 100000 元,其中 30000 元为预付款,其余款项以银行存款支付。

6. 结转材料采购成本 140000 元。

7. 销售产品一批 120000 元,货款尚未收到。

8. 领用材料一批,其中生产车间领用 50000 元用于产品生产,管理部门领用 1000 元。

9. 结转本月完工产品成本 100000 元。

10. 预付下季度的租金 9000 元。

11. 结转本月销售产品成本 80000 元。

12. 结转本月应交纳所得税 7000 元。

13. 计算本月固定资产折旧费。其中车间负担 17000 元,行政管理部门负担 13000 元。

14. 从银行提取现金 1000 元。

(二)要求:根据上列经济业务编制会计分录,并说明所附的原始凭证以及应填制何种记账凭证。

参考答案

一、单项选择题

1. C   2. C   3. A   4. C

5. D   6. D   7. B   8. A

9. D

二、多项选择题

1. A、B、C   2. A、C   3. B、C、D   4. A、B、C、D

5. A、B、C、D   6. A、C、D   7. B、C、D   8. A、D

9. A、B、C   10. A、B、C、D

三、判断题

1. ×   2. √   3. √   4. √

5. √   6. ×   7. ×   8. √

9. ×   10. √

四、练习题

(略)

第七章 账 簿

一、学习目的和要求

通过本章学习,要求理解设置和登记账簿对于系统地提供经济信息、加强经济管理的作用;熟悉日记账、总分类账、明细分类账的内容、格式、登记依据和登记方法;掌握登记账簿的各种规则,包括错账更正的规则。通过本章的学习,要求能较熟练地登记账簿,利用账簿。

二、重点内容

(一)账簿的意义和种类

1. 账簿的定义

账簿是按照会计科目来开设账户,并由一定格式、互有联系的账页组成,用来序时、分类地记录和反映各项经济业务的簿籍。

2. 账簿的种类

(1)账簿按其用途分类。可以分为序时账簿、分类账簿、联合账簿和备查账簿。

(2)账簿按其外表形式分类。可以分为订本式账簿、活页式账簿和卡片式账簿。

(二)账簿的设置和登记

1. 序时账簿(日记账)的设置和登记

为了反映和监督现金和银行存款的收、付及结存情况,加强对企业货币资金的管理与核算,企业应设置"库存现金日记账"和"银行存款日记账"。

现金日记账(属于特种、订本式日记账),是由出纳员根据现金收款凭证、现金付款凭证或银行存款付款凭证,逐日逐笔按经济业务发生的先后顺序进行登记的。其一般格式为三栏式。

银行存款日记账(属于特种、订本式日记账),是由出纳员根据银行存款收款凭证、银行存款付款凭证或现金付款凭证,逐日逐笔按经济业务发生的先后顺序进行登记的。其一般格式为三栏式。

2. 分类账簿的设置和登记

(1)总分类账的设置与登记。总分类账是按一级科目分类、连续地记录和总括反映某类经济业务增减变动情况的账簿,也是编制会计报表的依据。总分类账的格式一般多为三栏式订本账簿,即应按每一个账户开设包括借方、贷方和余额在内的三栏式账页。

总分类账登记的方法很多,既可以根据记账凭证逐笔登记,也可以根据汇总记账凭证定期登记,或者根据科目汇总表定期汇总登记等。具体内容将在第八章账务处理程序中详细介绍。

(2)明细分类账的设置与登记。明细分类账是用来登记某一类经济业务的账簿。各种明细账是根据实际需要,分别按照二级或明细科目开设账户。

由于明细分类账反映经济业务的多样性,因此其格式也各有不同。比较常用的格式有三栏式、数量金额式和多栏式明细分类账三种。

各种明细分类账的登记方法,应根据企业经济业务量的大小和经营管理上的需要,以及所记录的经济业务的内容而定。可以根据原始凭证、汇总原始凭证、记账凭证逐笔加以登记,也可以根据这些凭证逐日或定期汇总登记。

(三)账簿登记和使用的规则

1. 账簿启用规则

启用订本式账簿,应当从第一页到最后一页顺序编定页数,不得跳页、缺号。订本式账簿不得随意撕毁。使用活页式账页,应当按账户顺序编号,并须定期装订成册。装订后再按实际使用的账页顺序编定页码。另加目录,记明每个账户的名称和页次。活页式账簿不得随意抽换账页。

2. 登记账簿的基本要求

(1)登记会计账簿时,应当将会计凭证日期、编号、业务内容摘要、金额和其他有关资料逐项记入账内,做到数字准确、摘要清楚、登记及时、字迹工整。

(2)登记完毕后,要在记账凭证上签名或者盖章,并注明已经登账的符号,表示已经记账。

(3)账簿书写的文字和数字上面要留有适当空格,不要写满格,一般应占格距的1/2。

(4)登记账簿要用蓝黑墨水或者碳素墨水书写,不得使用圆珠笔(银行的复写账簿除外)或者铅笔书写。

(5)可以使用红色墨水记账的情况:在不设借、贷等栏的多栏式账页中,登记减少数;按照红字冲账的记账凭证,冲销错误记录;根据国家统一会计制度的规定可以用红字登记的其他会计记录。

(6)各种账簿按页次顺序连续登记,不得跳行、隔页。如果发生跳行、隔页,应当将空行、空页划线注销,或者注明"此行空白"、"此页空白"字样,并由记账人员签名或者盖章。

(7)凡需要结出余额的账户,结出余额后,应当在"借或贷"等栏内写明"借"或者"贷"等字样。没有余额的账户,应当在"借或贷"等栏内写"平"字,并在余额栏内用"0"表示。现金日记账和银行存款日记账必须逐日结出余额。

(8)每一账页登记完毕结转下页时,应当结出本页合计数及余额,写在本页最后一行和下页第一行有关栏内,并在摘要栏内注明"过次页"和"承前页"字样;也可以将本页合计数及金额只写在下页第一行有关栏内,并在摘要栏内注明"承前页"字样。

3. 错账更正的方法

如果记账过程中发生错误,不准涂改、挖补、刮擦或者用药水消除字迹,不准重新抄写,必须按规定的更正方法给予更正。记账错误更正方法有以下几种:

(1)划线更正法。在结账之前,如果发现账簿记录有错误,而记账凭证无错误,即纯属文字或数字上的错误,应采用划线更正法给予更正。

(2)红字更正法。一是在记账以后,如果发现记账凭证中借贷方向、科目或金额有错误时,应采用红字更正法。二是记账以后,发现记账凭证中的科目和方向没有错误,只是所记金额大于应记金额,也应采用红字更正法。

(3)补充登记法。如在登记账簿以后,发现记账凭证中的应借、应贷的会计科目并无错误,但所记金额小于应记金额,可采用补充登记法予以更正。具体做法是:再填一张补充少记金额的记账凭证,并将其补记入账。

(四)对账与结账

1. 对账

对账工作每年至少一次。对账是对账簿记录进行核对的工作。其内容一般包括:账证核对、账账核对和账实核对。

2. 结账

结账是指按照规定把一定时期(月份、季度、半年度、年度)内所发生的经济业务登记入账,并将各种账簿结算清楚,以便进一步根据账簿记录编制会计报表。即结算各种账簿记录,把一定时期内所发生的经济业务在全部登记入账的基础上,确定各账户的本期发生额和期末余额。

重要概念及复习思考题

一、重要概念

1. 账簿   2. 总分类账   3. 明细分类账

4. 划线更正法   5. 红字更正法   6. 补充登记法

7. 结账

二、复习思考题

1. 什么是会计账簿? 设置和登记账簿的意义是什么?

2. 账簿按照用途分为哪几类? 简要说明各类账簿的作用。

3. 明细分类账的格式有哪几种? 各自的特点和适用范围是什么?

4. 账簿的更换和启用要注意哪些方面?

5. 什么是结账? 结账工作包括哪些内容?

6. 什么是对账? 对账工作包括哪些内容?

7. 错账更正的方法有哪几种? 各种方法的特点和适用范围是什么?

自测练习题及参考答案

一、单项选择题

1. 能够提供企业某一类经济业务增减变化总括情况的账簿是（　　　）。

    A. 明细分类账　　　　　　　　B. 总分类账

    C. 备查簿　　　　　　　　　　D. 日记账

2. （　　　）的目的是为了账簿记录的真实、可靠、正确、完整。

    A. 过账　　　　　　　　　　　B. 结账

    C. 转账　　　　　　　　　　　D. 对账

3. "应付账款"明细账一般应采用（　　　）账页。

    A. 三栏式　　　　　　　　　　B. 多栏式

    C. 平行式　　　　　　　　　　D. 数量金额式

4. "租入固定资产登记簿"属于（　　　）。

    A. 序时账　　　　　　　　　　B. 备查簿

    C. 总分类账　　　　　　　　　D. 明细分类账

5. 下列明细账中，可以采用数量金额式明细分类账的是（　　　）。

    A. 原材料明细分类账　　　　　B. 应付账款明细分类账

    C. 管理费用明细分类账　　　　D. 实收资本明细分类账

6. 登记银行存款支出业务的日记账的依据是（　　　）。

    A. 现金收款凭证　　　　　　　B. 现金付款凭证

    C. 银行存款收款凭证　　　　　D. 银行存款付款凭证

7. 生产成本明细账应采用（　　　）账簿。

    A. 多栏式　　　　　　　　　　B. 三栏式

    C. 数量金额式　　　　　　　　D. 数量式

8. 记账以后，发现记账凭证中科目正确，但所记金额小于应记的金额，

    应采用（　　　）进行更正。

A. 补充登记法　　　　　　B. 平行登记法

C. 红字更正法　　　　　　D. 划线更正法

9. 记账后,发现记账凭证所用会计科目正确,但所记金额大于应记金额,应采用(　　)进行更正。

A. 补充登记法　　　　　　B. 平行登记法

C. 红字更正法　　　　　　D. 划线更正法

10. 账簿按外表形式可分为(　　)。

A. 总账、明细账和日记账　　B. 序时账、分类账和备查账

C. 订本账、活页账和卡片账　D. 明细账、分类账和序时账

二、多项选择题

1. 下列账簿中,属于明细分类账格式的有(　　)。

A. 三栏式　　　　　　　　B. 多栏式

C. 数量金额式　　　　　　D. 订本式

2. 下列对账工作中,属于账实核对的有(　　)。

A. 银行存款日记账余额与银行对账单余额相核对

B. 会计部门的财产物资明细账与财产物资保管部门的有关明细账相核对

C. 出纳人员定期清点库存现金

D. "应收账款"各明细账户余额与各债务人寄来的对账单逐一核对

3. 下列账簿中,适合采用三栏式账页的有(　　)。

A. 包装物明细账　　　　　B. 银行存款日记账

C. 应收账款明细账　　　　D. 其他应付款明细账

4. 下列内容属于对账工作的有(　　)。

A. 账实核对　　　　　　　B. 账账核对

C. 账表核对　　　　　　　D. 账证核对

5. 在下列各类错账中,应采用红字更正法进行更正的错账有(　　)。

A. 记账凭证没有错误,但账簿记录有数字错误

B. 因记账凭证中的会计科目有错误而引起的账簿记录错误

C. 记账凭证中的会计科目正确,但所记金额大于应记金额所引起的账簿记录错误

D. 记账凭证中的会计科目正确,但所记金额小于应记金额所引起的账簿记录错误

三、判断题

1. 账簿按其用途分类,可以分为序时账、分类账、联合账簿和备查簿等。( )

2. 银行存款日记账应属于总分类账。( )

3. 由于记账凭证错误而造成的账簿记录错误,应采用划线更正法进行更正。( )

4. 现金日记账必须采用订本式账簿。( )

5. 会计人员在月末结账前发现账簿中有数字错误,经查记账凭证没有错误,应采用的更正方法是红字更正法。( )

6. 备查账簿,是对某些所有权不属于本企业的物资及或有事项等不符合会计确认标准的事项进行登记的辅助账簿。( )

7. 各种账簿都是直接根据记账凭证进行登记的。( )

8. 日记账只是指现金日记账和银行存款日记账。( )

9. 现金日记账应在每日终了时结出余额,并与库存现金核对相符。( )

10. 为了满足管理的需要,企业账户的设置越细越好。( )

四、练习题

(一)资料:某企业 2008 年 7 月经检查发现下列错账:

1. 7 月 2 日,开出现金支票 800 元,支付企业管理部门日常零星开支。原编记账凭证的会计分录为:

借:管理费用   800

　　贷:库存现金   800

上述业务已登记入账。

2. 7 月 7 日,用银行存款支付所欠供货单位货款 7500 元,原编记账凭

证的会计分录为：

借：应付账款　　　　　　　　　　5700

　　贷：银行存款　　　　　　　　　　5700

上述业务已登记入账。

3. 7月14日，企业签发转账支票6500元预付本季度办公用房租金。原编记账凭证的会计分录为：

借：预提费用　　　　　　　　　　65000

　　贷：银行存款　　　　　　　　　　65000

上述业务已登记入账。

4. 7月31日，结算本月应付职工工资，其中生产工人工资为13000元，车间管理人员工资为1000元，厂部管理人员工资为3300元。原编记账凭证的会计分录为：

借：生产成本　　　　　　　　　　1300

　制造费用　　　　　　　　　　　100

　管理费用　　　　　　　　　　　330

　　贷：应付职工薪酬　　　　　　　　1730

上述业务已登记入账。

5. 7月31日，结转本月实际完工产品的生产成本66000元。原编记账凭证的会计分录为：

借：生产成本　　　　　　　　　　99000

　　贷：库存商品　　　　　　　　　　99000

上述业务已登记入账。

（二）要求：分别采用适当的更正方法进行更正错账。

参考答案

一、单项选择题

1. B　　　　2. D　　　　3. A　　　　4. B

5. A　　　　6. D　　　　7. A　　　　8. A

9. C   10. C

二、多项选择题

1. A、B、C   2. A、D   3. B、C、D   4. A、B、D

5. B、C

三、判断题

1. √   2. ×   3. ×   4. √

5. ×   6. √   7. ×   8. ×

9. √   10. ×

四、练习题

（略）

第八章 账务处理程序

一、学习目的和要求

通过本章的学习,应理解账务处理程序的意义和要求;掌握各种账务处理程序的特点、基本内容、优缺点和适用范围;掌握科目汇总表和汇总记账凭证的编制方法,以及总分类账的登记方法。

二、重点内容

(一)账务处理程序的意义

1. 账务处理程序

也称会计核算组织程序或会计核算形式,是指会计凭证、会计账簿、会计报表相结合的方式。包括会计凭证和账簿的种类、格式,由原始凭证到编制记账凭证、登记各种会计账簿、编制会计报表的工作程序和方法等。由于凭证、账簿和报表的结合方式不同,形成了不同的账务处理程序。账务处理程序的设计是会计制度设计的一项重要内容。

科学、合理的账务处理程序可以保证会计资料在整个处理过程的各个环节有条不紊地进行传递,保证会计记录的正确、及时、完整,并迅速编制会计报表,从而提高会计核算工作的效率。

(1)有利于会计工作程序的规范化,确定合理的凭证、账簿与报表之间的联系方式,保证会计信息加工过程的严密性,提高会计信息的质量。

(2)可以保证会计信息方便而迅速地形成,保证为经济管理及时提供全面、准确、有用的会计信息,从而提高会计核算工作的质量。

(3)有利于保证会计记录的完整性、正确性,通过凭证、账簿与报表之间的牵制作用,增强会计信息的可靠性。

(4)可以减少不必要的核算环节和手续,避免烦琐重复劳动,节约人力、物力,提高会计工作效率,从而提高会计核算工作的效益。

2. 账务处理程序的要求

(1)要适应本单位的经济活动特点、规模大小和业务的繁简程度,有利于会计人员工作的分工,有利于加强岗位责任制。

(2)要适应本单位、主管部门以及国家管理经济的需要,全面、系统、及时、正确地提供反映本单位经济活动情况的会计核算资料。

(3)要在保证核算正确、及时和完整的前提条件下,尽可能地简化会计核算手续,提高会计工作效率,节约人力、物力与核算费用。

3. 账务处理程序的种类

包括:记账凭证账务处理程序;科目汇总表账务处理程序;汇总记账凭证账务处理程序;多栏式日记账账务处理程序;日记总账账务处理程序;通用日记账账务处理程序。

(二)记账凭证账务处理程序

1. 特点

根据记账凭证直接逐笔登记总分类账,并定期编制会计报表。它是最基本的账务处理程序,其他账务处理程序都是在此基础上发展演变而形成的。

2. 程序

根据原始凭证编制汇总原始凭证;根据原始凭证和汇总原始凭证,编制记账凭证;根据收款凭证、付款凭证逐笔登记现金日记账和银行存款日记账;根据原始凭证、汇总原始凭证和记账凭证,登记各种明细账;根据记账凭证逐笔登记总分类账;期末,现金日记账、银行存款日记账和明细账的余额同有关总分类账的余额核对,并根据总分类账和明细账的记录,编制会计报表。

3. 记账凭证账务处理程序的优缺点及适用范围

(1)优点:在记账凭证上能够清晰地反映账户之间的对应关系;总分类账上能够比较详细地反映经济业务的发生情况;总分类账登记方法简单,易于掌握。

(2)缺点:在企业经济业务比较多的情况下,总分类账登记工作量大;账页耗用多,预留账页多少难以把握。

(3)适用范围:一般适用于规模较小、经济业务量较少的会计主体。

(三)科目汇总表账务处理程序

1. 特点

根据各种记账凭证定期按会计科目汇总编制科目汇总表,再根据科目汇总表登记总分类账,并定期编制会计报表的账务处理程序。

2. 程序

根据原始凭证编制汇总原始凭证;根据原始凭证和汇总原始凭证,编制记账凭证;根据收款凭证、付款凭证逐笔登记现金日记账和银行存款日记账;根据原始凭证、汇总原始凭证和记账凭证,登记各种明细账;根据各种记账凭证编制科目汇总表;根据科目汇总表登记总分类账;期末,现金日记账、银行存款日记账和明细账的余额同有关总分类账的余额核对,并根据总分类账和明细账的记录,编制会计报表。

3. 科目汇总表编制方法

科目汇总表是根据专用记账凭证汇总编制而形成的。它是根据一定时期内的全部记账凭证,按照相同会计科目进行归类,定期分别汇总每一个账户的借贷双方的发生额,并将其填列在科目汇总表相应栏内,借以反映全部账户的借贷方发生额。根据科目汇总表登记总分类账时,只需要将该表中汇总起来的各科目的本期借贷方发生额的合计数,分次或月末一次记入相应总分类账的借方或贷方即可。

4. 优 缺 点

(1)优点:可以利用该表的汇总结果进行账户发生额的试算平衡;保证总分类账登记的正确性;可以大大减轻登记总账的工作量;适用性比较强。

(2)缺点:编制科目汇总表的工作量比较大;科目汇总表不能够清晰地反映账户之间的对应关系。

(3)适用范围:适用于规模较大,业务量较多的企业单位。

(四)汇总记账凭证账务处理程序

1. 特 点

定期根据各种专用记账凭证分类编制汇总收款凭证、汇总付款凭证和汇总转账凭证,然后根据汇总记账凭证登记总分类账,并定期编制会计报表。

2. 程 序

根据原始凭证编制汇总原始凭证;根据原始凭证和汇总原始凭证,编制记账凭证;根据收款凭证、付款凭证逐笔登记现金日记账和银行存款日记账;根据原始凭证、汇总原始凭证和记账凭证,登记各种明细账;根据各种记账凭证编制汇总记账凭证;根据汇总记账凭证登记总分类账;期末,现金日记账、银行存款日记账和明细账的余额同有关总分类账的余额核对,并根据总分类账和明细账的记录,编制会计报表。

3. 汇总记账凭证的编制方法

汇总记账凭证是在填制的各种专用记账凭证的基础上,按照一定的方法进行汇总编制而成的。

(1)汇总收款凭证的编制方法:按日常核算工作中所填制的专用记账凭证中的收款凭证的借方科目设置汇总收款凭证,按其相应的贷方科目定期进行汇总。汇总时计算出每一个贷方科目发生额合计数,填入汇总收款凭证的相应栏次。

(2)汇总付款凭证的编制方法:按日常核算工作中所填制的专用记账凭证中的付款凭证的贷方科目设置汇总付款凭证,按其相应的借方科目定期进行汇总。汇总时计算出每一个借方科目发生额合计数,填入汇总付款凭证的相应栏次。

(3)汇总转账凭证的编制方法:按照日常核算工作中所填制的专用记账凭证中的转账凭证中的贷方科目设置汇总转账凭证,按它们相应的借方科目定期进行汇总。计算出每一个科目发生额合计数,填入汇总转账凭证的相应栏次。

4. 优缺点及适用范围

(1)优点:在汇总记账凭证上能够清晰地反映账户之间的对应关系;可以减轻登记总分类账的工作量。

(2)缺点:定期编制汇总记账凭证的工作量比较大;对汇总过程中可能存在的错误难以发现。

(3)适用范围:一般适用于规模较大、经济业务较多、专用记账凭证较多的单位。

重要概念及复习思考题

一、重要概念

1. 账务处理程序
2. 记账凭证账务处理程序
3. 科目汇总表账务处理程序
4. 汇总记账凭证账务处理程序
5. 汇总记账凭证
6. 汇总收款凭证
7. 汇总付款凭证
8. 汇总转账凭证

二、复习思考题

1. 什么是账务处理程序？
2. 记账凭证账务处理程序的主要内容是什么？
3. 科目汇总表账务处理程序的主要内容是什么？
4. 汇总记账凭证账务处理程序的主要内容是什么？
5. 各种账务处理程序的主要区别是什么？
6. 企业中比较普遍采用的账务处理程序有哪几种？各有什么特点？
试分别作出它们的记账程序示意图。

自测练习题及参考答案

一、单项选择题

1. 记账凭证账务处理程序适合于(　　)企业。

A. 经济业务量大但单一的　　　　B. 经济业务量小的

C. 单步骤生产的　　　　　　　　D. 批发

2. 汇总记账凭证账务处理程序一般适用于(　　)企业。

A. 企业管理要求较高的　　　　　B. 经济业务量小的

C. 单步骤生产的　　　　　　　　D. 商品流通

3. 科目汇总表账务处理程序下登记总账的依据是(　　)。

A. 科目汇总表　　　　　　　　　B. 汇总记账凭证

C. 记账凭证　　　　　　　　　　D. 原始凭证

4. 采用汇总记账凭证账务处理程序时,总账的登记时间是(　　)。

A. 随时登记

B. 月末一次登记

C. 随汇总记账凭证的编制时间而定

D. 年末一次登记

5. 下列各项中,属于科目汇总表编制方法的是(　　)。

A. 按照相同科目的借方设置贷方归类,定期汇总其发生额

B. 按照相同科目的贷方设置借方归类,定期汇总其发生额

C. 按照相同科目的借贷方设置并归类,定期汇总其发生额

D. 按照相同科目的借贷方归类,定期汇总其发生额

6. 在编制记账凭证时,要求会计科目按一个借方科目和一个贷方科目
相对应是为了适应下列(　　)要求。

A. 编制汇总记账凭证　　　　　　B. 登记总分类账

C. 编制科目汇总表　　　　　　　D. 登记多栏式日记账

7. 会计账簿组织和记账步骤相互结合的方式称为(　　)。

A. 会计核算前提　　　　　　　　B. 会计核算形式

C. 会计核算方法　　　　　　　　D. 会计核算原则

8. 各种账务处理程序的主要区别在于(　　)。

A. 日记账的格式不同　　　　　　B. 填列记账凭证的程序不同

C. 登记明细账的依据不同　　　　D. 登记总账的依据和方法不同

9. 下列会计核算程序中最基本的一种账务处理程序是（　　）。

    A. 记账凭证核算程序　　　　　　B. 科目汇总表核算程序

    C. 汇总记账凭证核算程序　　　　D. 日记总账核算程序

10. 记账凭证核算程序要根据记账凭证逐笔登记（　　）。

    A. 现金日记账　　　　　　　　　B. 银行存款日记账

    C. 各种明细账　　　　　　　　　D. 总账

11. 根据汇总记账凭证登记总分类账，称为（　　）。

    A. 记账凭证账务处理程序　　　　B. 汇总记账凭证账务处理程序

    C. 科目汇总表账务处理程序　　　D. 日记总账账务处理程序

12. 科目汇总表的主要缺点是不能反映出（　　）。

    A. 借方发生额　　　　　　　　　B. 贷方发生额

    C. 借方和贷方发生额　　　　　　D. 科目对应关系

13. 编制科目汇总表的直接依据是（　　）。

    A. 原始凭证　　　　　　　　　　B. 原始凭证汇总表

    C. 记账凭证　　　　　　　　　　D. 汇总记账凭证

14. 科目汇总表和汇总记账凭证的共同优点是（　　）。

    A. 保持科目之间的对应关系　　　B. 简化总分类账登记工作

    C. 进行发生额试算平衡　　　　　D. 总括反映同类经济业务

15. 记账凭证账务处理程序的主要缺点是（　　）。

    A. 不便于会计合理分工　　　　　B. 不能体现账户的对应关系

    C. 登记总账的工作量较大　　　　D. 方法不易掌握

16. 下列各项中，属于记账凭证账务处理程序主要特点的是（　　）。

    A. 直接根据记账凭证逐笔登记总分类账

    B. 根据科目汇总表登记总分类账

    C. 根据汇总记账凭证登记总分类账

    D. 根据多栏式日记账登记总分类账

17. 在科目汇总表账务处理程序下，一般应采用的记账凭证是（　　）。

    A. 一借一贷　　　　　　　　　　B. 多借多贷

　　C. 一借多贷　　　　　　　　　　D. 一贷多借

18. 下列各项中,属于科目汇总表汇总范围的是(　　)。

　　A. 全部科目的借方余额　　　　　B. 全部科目的贷方余额

　　C. 全部科目的借贷方发生额　　　D. 部分科目的借贷方发生额

二、多项选择题

1. 科目汇总表账务处理程序的优点是(　　)。

　　A. 总账能反映账户对应关系,便于对经济业务进行分析检查

　　B. 可以减少登记总账的工作量

　　C. 有利于对全部账户的发生额进行试算平衡

　　D. 月份内贷方科目的转账凭证不多时,可减少核算工作量

2. 下列各项中,属于企业选择账务处理程序时应考虑的内容有(　　)。

　　A. 经济业务的特点　　　　　　　B. 企业的规模

　　C. 经营管理的需要　　　　　　　D. 简化核算手续的要求

3. 在科目汇总表账务处理程序下,可作为明细分类账登账依据的有(　　)。

　　A. 原始凭证　　　　　　　　　　B. 原始凭证汇总表

　　C. 记账凭证　　　　　　　　　　D. 记账凭证汇总表

4. 以下可作为科目汇总表编制依据的有(　　)。

　　A. 付款凭证　　　　　　　　　　B. 收款凭证

　　C. 转账凭证　　　　　　　　　　D. 记账凭证

5. 在汇总记账凭证账务处理程序下,总分类账的登记依据有(　　)。

　　A. 汇总收款凭证　　　　　　　　B. 汇总付款凭证

　　C. 汇总转账凭证　　　　　　　　D. 转账凭证

6. 在记账凭证账务处理程序下,记账凭证的格式有(　　)。

　　A. 通用格式　　　　　　　　　　B. 收付转格式

　　C. 三栏式　　　　　　　　　　　D. 单式凭证

7. 不直接根据记账凭证登记总账的账务处理程序有(　　)。

　　A. 科目汇总表　　　　　　　　　B. 日记总账

C. 汇总记账凭证　　　　　　　D. 多栏式日记账

8. 科目汇总表(　　)。

　　A. 按总账科目汇总编制　　　B. 根据原始凭证归类编制

　　C. 可作为登记总账的依据　　　D. 起到试算平衡的作用

9. 汇总记账凭证账务处理程序的优点是(　　)。

　　A. 总账能反映账户对应关系,便于对经济业务进行分析检查

　　B. 总账记录详细

　　C. 月份内贷方科目的转账凭证不多时,可减少核算工作量

　　D. 有利于对全部账户的发生额进行试算平衡

10. 会计单、证、账、表按一定的程序与方法有机结合的方式,可称为(　　)。

　　A. 账务处理程序　　　　　　　B. 会计核算组织程序

　　C. 会计核算形式　　　　　　　D. 记账程序

11. 各种账务处理程序的相同点表现在(　　)。

　　A. 编制记账凭证的原始依据基本相同

　　B. 登记明细账的依据和方法基本相同

　　C. 登记总分类账的依据和方法基本相同

　　D. 编制报表的依据基本相同

12. 在各种账务处理程序中,相同的会计账务处理工作有(　　)。

　　A. 编制记账凭证　　　　　　　B. 登记总分类账

　　C. 登记各种明细账　　　　　　D. 编制会计报表

13. 可以简化登记总账工作量的账务处理程序有(　　)。

　　A. 记账凭证账务处理程序　　　B. 科目汇总表账务处理程序

　　C. 多栏式日记账账务处理程序　D. 汇总记账凭证账务处理程序

14. 在记账凭证账务处理程序下,明细账登记的依据是(　　)。

　　A. 原始凭证　　　　　　　　　B. 汇总原始凭证

　　C. 记账凭证　　　　　　　　　D. 汇总记账凭证

15. 规模较大、业务量较多的企业适宜采用的账务处理程序是(　　)。

A. 记账凭证账务处理程序　　B. 科目汇总表账务处理程序

C. 日记总账账务处理程序　　D. 汇总记账凭证账务处理程序

16. 在实际工作中,各单位采用的账务处理程序主要有(　　)。

A. 记账凭证账务处理程序　　B. 科目汇总表账务处理程序

C. 汇总记账凭证账务处理程序　D. 日记总账账务处理程序

17. 在汇总记账凭证账务处理程序下,平时填制转账凭证时,科目的对应关系最好保持(　　)。

A. 一个借方科目和一个贷方科目相对应

B. 一个借方科目和几个贷方科目相对应

C. 一个贷方科目和几个借方科目相对应

D. 几个借方科目和几个贷方科目相对应

三、判断题

1. 任何账务处理程序的第一步必须将所有的原始凭证都汇总编制为汇总原始凭证。(　　)

2. 科目汇总表组织程序下,总分类账须逐日逐笔登记。(　　)

3. 在汇总记账凭证账务处理程序下,现金日记账可以根据汇总收、付款凭证登记。(　　)

4. 汇总收款凭证是按贷方科目设置,按借方科目归类,定期汇总,按月编制的。(　　)

5. 除记账凭证账务处理程序外,其他账务处理程序均非根据记账凭证登记总账。(　　)

6. 记账凭证核算形式因为省略了编制科目汇总表或汇总记账凭证的程序,故对于业务量小的企业而言,最为适用。(　　)

7. 为保证总账与其所属明细账的记录相符,总账应根据其所属明细账记录转入登记。(　　)

8. 同一个企业可以同时采用几种不同的账务处理程序。(　　)

9. 汇总转账凭证是按贷方科目设置,按借方科目归类,定期汇总,按月编制的。(　　)

10. 在汇总记账凭证账务处理程序下,若某一贷方科目的转账凭证数量不多,可以根据转账凭证登记总分类账。(　　)

11. 各种账务处理程序之间的根本区别在于编制会计报表的依据和方法不同。(　　)

12. 科目汇总表账务处理程序的缺点在于不能反映账户对应关系。(　　)

13. 为了便于编制汇总转账凭证,在编制转账凭证时,其账户的对应关系应是一借一贷或多借一贷。(　　)

14. 采用汇总记账凭证账务处理程序,不仅可以简化登记总账的工作,而且便于检查和分析经济业务。(　　)

15. 采用科目汇总表账务处理程序,总账、明细账和日记账都应根据科目汇总表登记。(　　)

16. 在规模较大、业务量较多的单位,适合采用记账凭证账务处理程序,因为该处理程序简单明了。(　　)

四、练习题

(一)资料:

1. 某企业 4 月 30 日的总分类账余额和明细账余额如下:

会计科目	借方	贷方	会计科目	借方	贷方
库存现金	4000		短期借款		2000000
银行存款	350000		应付账款		400000
应收账款	250000		应付职工薪酬		10000
其他应收款	15000		应交税费		60000
待摊费用	12000		应付利润		70000
原材料	1000000		其他应付款		20000
库存商品	700000		预提费用		20000
生产成本	350000		实收资本		1721000

续表

会计科目	借方	贷方	会计科目	借方	贷方
固定资产	3500000		盈余公积		180000
累计折旧		1500000	本年利润		350000
			利润分配	150000	

材料明细账

名称	数量(吨)	单价(元)	金额(元)
甲材料	2000	500	1000000
乙材料	2000	200	400000

2. 5月份发生下列经济业务:

(1)1日购进甲材料100吨,单价500元,材料已验收入库,货款已由银行存款支付。

(2)2日从某单位购进乙材料400吨,单价200元,材料已验收入库,货款尚未支付。

(3)5日仓库发出原材料,发出材料汇总表如下:

发出材料汇总表

数量:吨;金额:元

项目	甲材料		乙材料		合计	
	数量	金额	数量	金额	数量	金额
制造产品耗用	120	60000	450	90000		150000
其中:A产品	70	35000	200	40000		75000
B产品	50	25000	250	50000		75000
管理部门耗用	10	5000				5000
合计	130	65000	450	90000		155000

(4)8 日以现金支付管理部门日常的零星开支 1500 元。

(5)10 日以银行存款支付预提的房租 15000 元。

(6)12 日从银行提取现金 45000 元以备发放工资。

(7)15 日以现金 45000 元发放职工工资。

(8)20 日以银行存款支付水电费 10000 元,其中 A 产品耗用 4000 元,B 产品耗用 5000 元,管理部门一般耗用 1000 元。

(9)22 日企业销售 A 产品 200 件,售价 300000 元存入银行。

(10)25 日企业销售 B 产品 300 件,售价 150000 元尚未收到。

(11)25 日以存款支付广告费 5000 元。

(12)30 日分配本月工资,其中 A 产品工人工资 25000 元,B 产品工人工资 15000 元,厂部管理人员工资 5000 元。

(13)30 日计提本月固定资产折旧 10000 元,其中 A 产品应负担 4000 元,B 产品应负担 6000 元。

(14)30 日结转本月完工产品成本,其中 A 产品完工 300 件,共 125000 元,B 产品完工 350 件,共 90000 元。

(15)30 日计算本月应交纳的消费税(按销售收入的 10% 计算)。

(16)30 日结转本月入库材料的实际采购成本。

(17)30 日结转本月销售收入。

(18)30 日结转本月销售成本,其中 A 产品的成本为 110000 元,B 产品的成本为 85000 元。

(19)30 日将本月有关成本费用账户结转本年利润账户。

(20)30 日计算本月应交纳的所得税 10000 元。

(21)30 日计算出本月应向投资者分配的利润 2000 元。

(二)要求:

1. 根据以上经济业务编制记账凭证。

2. 根据收付款凭证逐日逐笔登记现金日记账和银行存款日记账。

3. 根据原始凭证、记账凭证登记材料明细账。

4. 根据记账凭证编制科目汇总表。

5. 根据科目汇总表登记总分类账。

参考答案

一、单项选择题

1. B   2. A   3. A   4. B
5. D   6. C   7. B   8. D
9. A   10. D   11. B   12. D
13. C   14. B   15. C   16. A
17. A   18. C

二、多项选择题

1. B、C   2. A、B、C、D   3. A、B、C   4. A、B、C、D
5. A、B、C、D   6. A、B   7. A、C、D   8. A、C、D
9. A、C   10. A、B、C、D 11. A、B、D   12. A、C、D
13. B、C、D   14. A、B、C   15. B、D   16. A、B、C、D
17. A、C

三、判断题

1. ×   2. ×   3. ×   4. ×
5. ×   6. √   7. ×   8. ×
9. √   10. √   11. ×   12. √
13. √   14. √   15. ×   16. ×

四、练习题

（略）

第九章　财产清查

一、学习目的和要求

通过本章学习,了解财产清查的概念和意义、财产清查的种类和财产清查前应做好的各项基础准备工作;掌握不同状态的财产在清查时所适用的方法及其运用;掌握财产清查会计处理的基本程序、科目设置、核算要求及其相关的账务处理。

二、重点内容

(一)财产清查的种类

财产清查的种类是指在财产清查时根据不同的分类标志和清查要求对其所进行的分类。

1. 按财产清查的范围,可将其分为全面清查和局部清查

全面清查是指对企业所有的财产和结算往来进行全面的盘点和查询。全面清查的特点是清查范围广,涉及的清查人员较多。其适用的条件可以包括以下几种情况:年度终了;企业撤销、合并、迁移、改变隶属关系、企业改制;中外合资、国内联营;清产核资或在企业主要负责人调离等特殊情况下而采用。

局部清查是指根据管理工作中相关要求的需要,对部分财产物资和结算往来所进行的清查。它与全面清查相比,在清查范围上较小和清查所涉及的部门或人员较少,但针对性或目的性较强,能够及时解决财产管理中的问题。

2. 按财产清查的时间,可将其分为定期清查和不定期清查

定期清查是指根据管理制度的规定或预先计划安排的时间对财产物资所进行的清查,一般在期末进行。不定期清查是指根据特殊管理的需要所进行的临时清查。

企业在财产清查运作的实践环节中,主要应根据财产管理和具体情况的需要,将两种分类有机地结合进行,从而达到财产清查的目的。

(二)实物资产的数量盘存制度

对于企业的有形资产清查,首要的前提是确定其实存的数量,并与账存的记录进行核对,以查明是否账实相符。财产物资实有数量的确定则要求在会计核算中建立财产物资的盘存制度,即永续盘存制和实地盘存制。

永续盘存制,亦称账面盘存制。其基本做法是平时对各项财产物资的增加数和减少数,都要根据会计凭证连续记入有关账簿,随时结出账面结存的余额数量,并与实存数量相互核对,以确定各项财产物资是否账实相符。

实地盘存制,亦称定期盘存制。其基本做法是平时只根据会计凭证在账簿中登记各项财产物资的增加数,不登记减少数。只有在期末时,再对各项财产物资进行盘点,根据实地盘点所确定的实存数,倒挤出本期各项财产物资的减少数。

　　由于永续盘存制和实地盘存制在对企业各项财产物资的管理工作中，分别体现在加强财产物资的动态记录和监督，以及在登账核算工作量等方面的比较各有利弊，因此在会计实务中，各企业应根据本身的具体情况和管理要求而加以选择运用。

（三）财产清查的方法和程序

　　为保证财产清查目的的实现，企业应对不同情况，采用与其适宜的清查方法。

　　1. 库存财产物资的清查方法

　　企业库存的各项财产物资应采用实地盘点的清查方法，并且根据不同实物资产的形态、重量、体积、码放方式等具体情况，分别采用实地清查盘点或实地技术推算盘点两种方法，实地技术推算盘点方法主要适用于大量、成堆且难以逐一清点的财产物资。盘点时，有关财产物资的保管人员或责任人必须在场，认真负责参加盘点工作；盘点后将清查的盘点结果记录在相关的盘点依据中，并签章作为明确经济责任的书面证明和核算的原始凭证，据以进行相关的会计处理。

　　2. 非库存财产物资的清查方法

　　属于企业的财产物资（如委托加工、出租、出借、委托代销等物资），由于其存放地点不在企业，则应采用询问证实的方法，了解各项财产物资在存放单位的数量或金额等情况，并与本单位的相关记录进行核对，查明是否相符。另外，企业对其银行存款的实有数额，则是通过银行定期送来的"银行存款对账单"与企业银行存款日记账的逐笔相互核对的方法进行清查。

　　3. 往来款项的清查方法

　　对于企业在经济业务往来由于赊销或赊购所产生的尚未完成结算的应收债权或应付债务，其清查的方法也是采用询问证实的方法。主要是向对方单位寄送"往来款项对账单"询问证实双方的相关记录是否相符。如不相符应进一步查明原因再行核对,达到双方账账相符。若对于已确认原因的账账不符,应根据不同的情况及时进行账务处理调整。

(四)财产清查结果的会计处理

1. 现金资产清查结果的会计处理

盘盈:借:库存现金

　　　　贷:待处理财产损溢——待处理流动资产损溢

　　　借:待处理财产损溢——待处理流动资产损溢

　　　　贷:其他应付款——××单位或个人

　　　　　营业外收入(无法查明原因而批准的现金长款)

盘亏:借:待处理财产损溢——待处理流动资产损溢

　　　　贷:库存现金

　　　借:其他应收款——××单位或个人(包括出纳责任赔款)

　　　　管理费用(无法查明原因的现金短款)

　　　　贷:待处理财产损溢——待处理流动资产损溢

2. 银行存款的清查

根据银行定期送来的"银行对账单"与企业"银行存款日记账"进行逐笔核对,在调整记账错误后的前提下,列出各笔未达账项并进行归类,编制"银行存款余额调节表",使调整后双方余额相等,以达到了解企业银行存款可以动用的实有金额。由于"银行存款余额调节表"不属于会计凭证,因此不得据此进行会计账簿的调整。

3. 库存的存货资产和固定资产清查结果的会计处理

(1)存货资产清查的会计处理(注:此处假设不考虑相关的税金)。

盘盈:借:原材料、库存商品等

　　　　贷:待处理财产损溢——待处理流动资产损溢

　　　借:待处理财产损溢——待处理流动资产损溢

　　　　贷:管理费用等

盘亏:借:待处理财产损溢——待处理流动资产损溢

　　　贷:原材料、库存商品等

　　借:管理费用(定额内损耗及管理不善等原因形成的净损失)

　　　其他应收款(责任人或责任单位赔款。注:包括应收保险公司

　　　赔款)

　　　原材料或库存现金等(残值或变价收入)

　　　营业外支出(非常净损失)

　　　贷:待处理财产损溢——待处理流动资产损溢

(2)固定资产清查盘亏的会计处理。

借:待处理财产损溢——待处理固定资产损溢

　　累计折旧

　　固定资产减值准备

　　贷:固定资产

借:营业外支出——固定资产盘亏损失

　　贷:待处理财产损溢——待处理固定资产损溢

重要概念及复习思考题

一、重要概念

1. 财产清查　　　　2. 永续盘存制与实地盘存制

3. 未达账项　　　　4. 待处理财产损溢

二、复习思考题

1. 导致账实不符的原因可能有哪些？

2. 财产清查前应做好哪些方面的基础工作？

3. 如何理解和运用永续盘存制或实地盘存制？

4. 同为货币资金的现金和银行存款，在清查时运用的方法及会计处理有何不同？

5. 同为有形资产的存货资产和固定资产，在清查结果的处理上有何不同？

6. 如何进行结算过程中形成的应收债权或应付债务的清查？

自测练习题及参考答案

一、单项选择题

1. 下列表述中，正确的是（　　）。

A. 若不进行财产清查，就无法进行会计凭证的填列或会计账簿的登记

B. 财产清查是保证企业财产物资安全、完整的会计核算专门方法

C. 企业在财产清查中若产生账实不符或账账不符，说明该企业在会计管理工作中存在重大缺陷

D. 只有经过财产清查，才能确保会计报表编制的正确无误

2. 企业主要负责人调离该企业，按清查的范围分类，一般应采用的清查方式是（　　）。

A. 定期清查　　　　　　B. 全面清查

C. 不定期清查　　　　　D. 局部清查

3. 银行存款的清查方法应属于(　　　)。

 A. 账实核对　　　　　　　　B. 账证核对

 C. 账账核对　　　　　　　　D. 账表核对

4. 在库存现金清查中发现现金长款并暂时无法查明原因时,其正确的处理是(　　　)。

 A. 贷记"待处理财产损溢——待处理流动资产损溢"科目

 B. 贷记"营业外收入"科目

 C. 由出纳人员暂时保管,记入"备查簿"

 D. 暂不作任何会计处理,待查明原因以后再行处理

5. 下列项目中,不应计入"管理费用"科目的是(　　　)。

 A. 由于计量收发差错和管理不善等原因造成的存货财产物资的净损失

 B. 由于自然损耗产生存货财产物资的定额内损失

 C. 由于计量不准等原因而产生的存货财产物资的盘盈

 D. 由于自然灾害或意外事故造成的存货财产物资的净损失

二、多项选择题

1. 针对下列的财产物资,应采用询问证实方法进行清查的是(　　　)。

 A. 库存现金、原材料、在产品和库存商品

 B. 因赊销或赊购等原因尚未完成结算的应收债权或应付债务

 C. 存放在银行及金融机构的银行存款

 D. 出租、出借于其他单位或个人尚未收回的物资

 E. 因委托加工、委托代销及已经发出但尚未确认收入而存放于其他单位的物资

2. 为了保证财产清查工作的顺利进行,下列准备工作中属于物资保管部门和业务处理部门的是(　　　)。

 A. 将所有的经济业务登记入账并结出余额

 B. 成立财产清查领导机构拟定清查工作步骤

 C. 清点各类财产物资出入的相关凭证及手续

  D. 准备并校正各种计量器具

  E. 配备财产清查人员并确定其分工及职责

3. 下列内容中,能直接作为记账依据的是(　　　)。

  A. 往来款项对账单　　　　　B. 银行存款余额调节表

  C. 库存现金盘点报告表　　　D. 存货资产账存实存对比表

  E. 固定资产盘点盈亏报告表

4. 下列表述中,对于实物资产的数量盘存制度不正确的是(　　　)。

  A. 永续盘存制和实地盘存制都能够及时反映各种财产物资数量的动态信息

  B. 在会计实务中,通常是根据不同财产物资的具体情况将永续盘存制和实地盘存制结合运用于财产清查工作

  C. 实地盘存制由于采用"以存计耗或以存计销"的方法确认财产物资的减少量,因而有可能掩盖某些不利因素造成的财产损失而不利于财产监督

  D. 由于永续盘存制及时记录财产物资的收发及结存情况,则可保证账实相符

  E. 与实地盘存制相比,由于永续盘存制平时及时记录财产物资的收发和结存情况,所以在期末进行财产物资清查时,对财产物资的实地盘点的清查工作量则较小

三、判断题

1. 财产清查中发现的固定资产报废与毁损,应通过"固定资产清理"科目进行会计处理,而非通过"待处理财产损溢——待处理固定资产损溢"明细科目。(　　　)

2. 企业的存货资产在会计核算资料记录和对其实物保管均无误的情况下,期末对其财产清查的结果一定是账实相符。(　　　)

3. 企业进行银行存款的清查,在查明双方全部未达账项的情况下,编制的"银行存款余额调节表"中的调整后余额一定会相等。(　　　)

4. 固定资产在清查中产生的盘盈或盘亏,清查结果的会计处理一般应

可列为营业外收入或营业外支出;依此处理原则,财产清查中产生的存货盘盈或盘亏,则应作为当期管理费用的冲减或增加。(　　　)

5. "待处理财产损溢"科目的期末借方余额,反映企业尚未批准处理的财产清查损失;而期末贷方余额反映企业尚未批准处理的财产清查盘盈。(　　　)

四、练习题

(一)练习银行存款余额调节表的编制

1. 资料:某企业根据本期银行送来的"银行对账单"和某企业"银行存款日记账"中的记录(假设双方均无记账差错),该企业银行存款的账面余额为 414200 元,银行对账单的余额为 349600 元。经逐笔核对,发现双方记录存在如下未达账项:

(1)企业送存银行的转账支票一张,金额为 238400 元,银行尚未入账。

(2)企业开出转账支票一张,支付购买材料款项计 125000 元,银行尚未出账。

(3)银行代企业收回货款 52800 元,企业因未收到收款通知尚未入账。

(4)银行代扣企业本期银行借款利息 4000 元,但尚未将扣款通知送达,企业尚未出账。

2. 要求:根据上述资料,编制该企业"银行存款余额调节表"。

(二)练习存货清查的会计处理

1. 资料:

(1)某企业本期末在财产清查中盘盈 A 种原材料 120 千克,经查明是由于收发计量上的误差所造成的,该原材料的实际单位成本为 60 元。而后经有关部门批准冲减本期费用。

(2)另在本期末财产清查中发现甲产品毁损 60 件,实际单位成本为 18 元,单位残料价值为 2 元,作原材料入库。而后经查明该产品毁损系责任人工作过失所造成,报经有关部门批准,应由责任人赔偿 300 元,其余计入当期损失。

2. 要求:根据上述资料,编制相关的会计分录(注:假设不考虑相关税费)。若上述甲产品毁损是由于自然灾害所造成,假设单位残值不变,而应由保险公司赔偿 750 元,款项尚未收到,又应如何进行会计处理?

(三)练习固定资产清查的会计处理

1. 资料:

(1)另在财产清查中发现盘亏设备一台,账面原价 30000 元,已提折旧 8000 元。

(2)报经批准后同意将上述盘亏的固定资产的金额转入当期损益(假设无责任人应赔款项)。

2. 要求:根据上述资料,编制相关的会计分录。

参考答案

一、单项选择题

1. B　　　　2. B　　　　3. C　　　　4. A

5. D

二、多项选择题

1. B、D、E　　2. A、C、D　　3. C、D、E　　4. A、D、E

三、判断题

1. √　　　　2. ×　　　　3. ×　　　　4. ×

5. ×

四、练习题

(略)

第十章 财务报表

一、学习目的和要求

通过本章学习,了解企业财务报表的概念、分类与编制要求;了解资产负债表的性质、作用及其局限性;熟悉我国资产负债表的格式与结构;掌握资产负债表基本项目的编制方法;了解利润表的编制基础和主要作用;熟悉我国利润表的格式与结构;掌握利润表的编制方法;熟悉所有者权益变动表的格式与数量关系;掌握所有者权益变动表的编制方法;了解财务报表附注的作用与主要内容;熟悉财务报表附注的编制形式。

二、重点内容

(一)资产负债表编制方法

根据总账科目余额合计填列部分,主要掌握"货币资金"项目和"存货"项目,应根据"材料采购"、"原材料"、"库存商品"、"生产成本"等科目的期末余额合计,减"存货跌价准备"科目期末余额后的金额计算;根据总账科目余额方向填列部分,主要掌握未弥补的亏损,在"未分配利润"项目内以"－"号填列。根据明细科目余额方向分析填列部分,主要掌握"应收账款"项目和"预收账款"项目、"应付账款"项目和"预付账款"科目的分析填列问题。

其他分类编制方法可作一般了解。

(二)利润表编制方法

多步式利润表利润计算分三步进行,其步骤和内容如下:

第一步:计算营业利润。

营业利润＝营业收入－营业成本－营业税金及附加－销售费用－管理费用－财务费用±投资收益

第二步:计算利润总额。

利润总额＝营业利润＋营业外收入－营业外支出

第三步:计算净利润。

净利润＝利润总额－所得税

重要概念及复习思考题

一、重要概念

1. 财务报表　　　　2. 报告式资产负债表　　　3. 账户式资产负债表

4. 当期营业基础　　5. 损益满计基础　　　　　6. 单步式利润表

7. 多步式利润表　　8. 所有者权益变动表　　　9. 财务报表附注

二、复习思考题

1. 财务报表可按哪些标准分类？可分成哪些主要类别？

2. 财务报表的编制要求有哪些方面？

3. 资产负债表有何作用？其局限性主要体现在哪些方面？

4. 利润表有何作用？其局限性主要体现在哪些方面？

5. 利润表与所有者权益变动表的关系如何？

6. 财务报表附注主要有哪些作用？

自测练习题及参考答案

一、单项选择题

1. 在编制资产负债表时，"存货跌价准备"科目的贷方余额应列
   为（　　）。

   A. 存货的抵减项目　　　　　　B. 在流动负债类下设项目反映

   C. 销售收入的减项　　　　　　D. 计入存货项目，不再单列

2. 下列资产负债表项目中，应根据多个账户期末余额分析填列的
   是（　　）。

   A. 应付票据　　　　　　　　　B. 短期借款

   C. 固定资产　　　　　　　　　D. 盈余公积

3. 如"应收账款"科目所属各明细科目期末出现贷方余额，应在（　　）
   项目中列示。

   A. 应付账款　　　　　　　　　B. 预付账款

   C. 预收账款　　　　　　　　　D. 其他应收款

4. 以下账户期末余额，不并入资产负债表的"存货"项目反映的

有(　　)。

　　A. 材料采购　　　　　　　B. 工程物资

　　C. 受托代销商品　　　　　D. 生产成本

5. 我国采用的资产负债表格式是(　　)。

　　A. 报告式　　　　　　　　B. 垂直式

　　C. 账户式　　　　　　　　D. 多步式

6. 我国采用的利润表格式是(　　)。

　　A. 报告式　　　　　　　　B. 单步式

　　C. 账户式　　　　　　　　D. 多步式

7. 以下账户期末余额如为贷方,列入资产负债表时应以"一"号表示的
　　有(　　)。

　　A. 固定资产清理　　　　　B. 递延所得税资产

　　C. 坏账准备　　　　　　　D. 待处理财产损溢

8. 资产负债表以下项目中,应根据期末余额直接填列的有(　　)。

　　A. 资本公积　　　　　　　B. 其他应收款

　　C. 存货　　　　　　　　　D. 固定资产

9. 利润表以下项目中,可根据账户累计发生额直接填列的有(　　)。

　　A. 营业成本　　　　　　　B. 利润总额

　　C. 营业税金及附加　　　　D. 净利润

10. 以下不属于中期财务会计报告的有(　　)财务会计报告。

　　A. 月度　　　　　　　　　B. 季度

　　C. 半年度　　　　　　　　D. 清算期

11. 多步式利润表每一类数据后面都计算出一种(　　),从而显示出
　　它们之间的重大关系。

　　A. 收入额　　　　　　　　B. 费用额

　　C. 收益额　　　　　　　　D. 差额

12. 会计报表编制的根据是(　　)。

　　A. 原始凭证　　　　　　　B. 记账凭证

C. 汇总记账凭证　　　　　D. 账簿记录

13. 资产负债表与所有者权益变动表中金额相等的项目是（　　）。

　　A. 净利润　　　　　　　B. 盈余公积

　　C. 未分配利润　　　　　D. 应付股利

二、多项选择题

1. 以下账户期末余额，应并入资产负债表的"存货"项目反映的有（　　）。

　　A. 原材料　　　　　　　B. 委托代销商品

　　C. 生产成本　　　　　　D. 受托代销商品

2. 以下账户期末余额，可能作为减少项并入资产负债表"存货"项目的有（　　）。

　　A. 商品进销差价　　　　B. 代销商品款

　　C. 存货跌价准备　　　　D. 材料成本差异

3. 以下账户期末余额，可能作为增加项并入资产负债表"存货"项目的有（　　）。

　　A. 自制半成品　　　　　B. 受托代销商品

　　C. 生产成本　　　　　　D. 材料成本差异

4. "货币资金"项目，应根据（　　）科目的期末余额合计填列。

　　A. 库存现金　　　　　　B. 银行存款

　　C. 其他货币资金　　　　D. 交易性金融资产

5. 资产负债表基本部分各项目"期末数"指（　　）数。

　　A. 营业周期末　　　　　B. 月末

　　C. 季末　　　　　　　　D. 年末

6. 以下账户期末余额如为借方，列入资产负债表时应以"－"号表示的有（　　）。

　　A. 应付职工薪酬　　　　B. 未分配利润

　　C. 应交税费　　　　　　D. 未实现融资收益

7. （　　）账户期末余额中如有一年内到期的金额，列入资产负债表时应减去。

    A. 持有至到期投资   B. 长期借款

    C. 长期待摊费用   D. 应付债券

8. 资产负债表"应收账款"项目,应根据( )分析填列。

    A. "应收账款"科目所属各明细科目的期末借方余额合计

    B. "预收账款"科目所属各明细科目的期末借方余额合计

    C. "应付账款"科目所属各明细科目的期末借方余额合计

    D. 有关应收账款计提的坏账准备期末余额

9. 资产负债表"预收账款"项目,应根据( )填列。

    A. "应收账款"科目所属各明细科目的期末贷方余额合计

    B. "应付账款"科目所属各明细科目的期末贷方余额合计

    C. "预收账款"科目所属各明细科目的期末贷方余额合计

    D. "预付账款"科目所属各明细科目的期末借方余额合计

10. 资产负债表"应付账款"项目,应根据( )填列。

    A. "应收账款"科目所属各明细科目的期末贷方余额合计

    B. "应付账款"科目所属各明细科目的期末贷方余额合计

    C. "预收账款"科目所属各明细科目的期末贷方余额合计

    D. "预付账款"科目所属各明细科目的期末贷方余额合计

11. 资产负债表"预付账款"项目,应根据( )填列。

    A. "应收账款"科目所属各明细科目的期末借方余额合计

    B. "预收账款"科目所属各明细科目的期末借方余额合计

    C. "应付账款"科目所属各明细科目的期末借方余额合计

    D. "预付账款"科目所属各明细科目的期末借方余额合计

12. 资产负债表以下项目中,不应根据期末余额直接填列的有( )。

    A. 交易性金融资产   B. 其他应收款

    C. 持有至到期投资   D. 应收账款

13. 资产负债表以下项目中,应根据期末账面价值填列的有( )。

    A. 无形资产   B. 在建工程

C. 长期股权投资　　　　　　D. 其他应收款

14. 利润表以下项目中,可能出现负数的有( )。

A. 营业利润　　　　　　　　B. 利润总额

C. 投资收益　　　　　　　　D. 净利润

15. 关于所有者权益变动表说法正确的是( )。

A. 它是会计报表中的主表

B. 它是利润表的附表

C. 表中有些项目根据"利润分配"科目及所属明细科目记录分析填列

D. 通过它可以了解企业的所有者权益的变动情况

三、判断题

1. 资产负债表"其他应付款"项目,应根据"其他应付款"科目的期末贷方余额填列;如期末为借方余额,以"一"号填列。( )

2. 所有者权益变动表是资产负债表的补充报表,用于补充说明末分配利润形成的原因。( )

3. 资产负债表中的"长期待摊费用"项目应根据"长期待摊费用"科目的余额直接填列。( )

4. 利润表所反映的企业收益也包括资产置存收益。( )

5. 会计报表的填列,以人民币"元"为金额单位,"元"以下四舍五入。( )

6. 资产负债表"期末数"的资料来源既包括有关账户总账余额、明细账余额还包括有关备查簿。( )

7. 所有者权益变动表中的可供分配的利润是企业计算应付股东利润的基数。( )

8. 企业向外提供的会计报表共包括资产负债表、利润表、现金流量表三种。( )

9. 企业对外提供的会计报表应当由企业负责人和主管会计工作的负责人、会计机构负责人(会计主管人员)签名或盖章;设置总会计师

的企业,还应当由总会计师签名或盖章。(　　)

10. 资产负债表是反映企业一定时期全部资产、负债和所有者权益情况的会计报表。(　　)

11. "利润分配"总账的年末余额不一定与相应的资产负债表中的"未分配利润"项目的数额一致。(　　)

12. 将于一年内到期的长期负债,在资产负债表内应当在流动负债下单列项目反映。(　　)

13. 资产负债表反映一定时期资产、负债和所有者权益各项目的变动情况,故称为动态报表。(　　)

14. 在编报季度、半年度、年度利润表时,应将"本月数"改成"上年数"。(　　)

15. 财务报表附注的内容,我国目前尚无完全统一的说法。(　　)

四、练习题

练习一

光明公司 2008 年 12 月 31 日有关总分类账户和明细分类账户的期末余额如下:

会计科目	借方余额	贷方余额	会计科目	借方	贷方
库存现金	1000		应付账款		
银行存款	15000		——A 工厂		7000
应收账款			——B 工厂	5000	
——甲公司	10000		——C 工厂		8000
——乙公司		2000	预收账款		
——丙公司	15000		——A 单位		4000
预付账款			——B 单位	3000	
——甲单位	5000		其他应付款		

续表

会计科目	借方余额	贷方余额	会计科目	借方	贷方
——乙单位		300	——工会		1000
其他应收款			——代扣款		8000
——行政科	5000		应付利息		
——某职工	3000		——借款利息		3000
长期待摊费用	2000				

要求:根据以上资料填列完成下列"资产负债表"内"?"处。

资产负债表

编制单位:光明工厂　　　　　　　　2008 年 12 月 31 日　　　　　　　金额单位:元

资　　　产	年初数	年末数	负债及所有者权益	年初数	年末数
流动资产	略		流动负债	略	
货币资金		?	短期借款		60000
应收票据		14000	应付账款		?
应收账款		?	预收账款		?
预付款项		?	其他应付款		?
其他应收款		?	应付职工薪酬		34700
存货		55000	应交税费		80000
长期股权投资		200000	应付利息		?
固定资产原价		340000	长期借款		30000
无形资产		27000	所有者权益		
长期待摊费用		?	实收资本		280000
			盈余公积		22080
			未分配利润		159920
资产总计		?	权益总计		?

练习二

阳光公司 2008 年 7 月发生下列经济业务：

1. 采购原材料一批，取得的增值税专用发票上注明的原材料价款为 40000 元，增值税税额为 6800 元。全部款项已用银行存款支付，材料已验收入库。

2. 购入不需要安装的设备一套运抵企业，设备价款（含税）100000 元，已用银行存款支付。

3. 用银行存款支付管理部门用固定资产大修理费用 2000 元。

4. 提取企业管理部门使用的固定资产折旧 18000 元。

5. 以银行存款支付罚款 500 元。

6. 销售给 A 公司产品一批，增值税发票上注明售价 100000 元，增值税额 17000 元。

7. 结转已销售产品成本 55000 元。

8. 计算出本月应交的城市维护建设税 800 元。

9. 用银行存款支付本月发生的管理费用 1200 元，销售费用 300 元。

10. 收到上述 A 公司归还的货款，款项存入银行。

11. 预提本月短期银行借款利息 2000 元。

12. 用银行存款预缴所得税 6000 元，缴纳本月增值税 8500 元。

13. 期末结转本年利润。

要求：(1)根据上述经济业务编制会计分录。

(2)编制 2008 年 7 月份利润表。

利润表

编制单位：阳光公司　　　　　　2008 年 7 月　　　　　　　　单位：元

项　　目	本期金额	上期金额
一、营业收入		

续表

项　目	本期金额	上期金额
减:营业成本		
营业税金及附加		
减:销售费用		
管理费用		
财务费用		
加:投资收益		
二、营业利润		
加:营业外收入		
减:营业外支出		
三、利润总额		
减:所得税费用		
四、净利润		

练习三

天锋厂 2008 年 12 月 31 日有关账户资料如下:

总账余额:

原材料	213460(借方)	库存商品	37260(借方)
生产成本	63750(借方)	应付账款	60000(贷方)
应收账款	45000(借方)		

明细账余额:

应收账款——光华厂	30000(贷方)	
——大田厂	95000(借方)	
——民兴厂	20000(贷方)	
应付账款——建新厂	90000(贷方)	
——中盛厂	10000(借方)	
——金山厂	20000(借方)	

要求:根据以上资料,计算填列天锋厂 2008 年 12 月 31 日资产负债表中有关项目:

(1)存货=　　　　　　　　(2)应收账款=

(3)预付账款=　　　　　　(4)应付账款=

(5)预收账款=

练习四

某公司 2008 年全年有关资料如下(单位:元):

营业收入	188500	营业外支出	750
营业成本	75400	销售费用	10000
营业外收入	1800	管理费用	19000
财务费用	2500	所得税费用	21450
营业税金及附加	18500		

要求:根据以上资料,计算出利润表中以下项目金额:

(1)营业利润=

(2)利润总额=

(3)净利润=

参考答案

一、单项选择题

1. D	2. C	3. C	4. B
5. C	6. D	7. A	8. A
9. C	10. D	11. C	12. D
13. C			

二、多项选择题

1. A、B、C、D	2. A、B、C、D	3. A、B、C、D	4. A、B、C
5. B、C、D	6. A、B、C	7. A、B、C、D	8. A、B、D
9. A、C	10. B、D	11. C、D	12. B、C、D

13. A、B、C、D   14. A、B、C、D   15. A、C、D

三、判断题

1. ×   2. ×   3. ×   4. √

5. ×   6. √   7. √   8. ×

9. ×   10. √   11. ×   12. √

13. ×   14. √   15. ×

四、练习题

（略）

第十一章 会计工作组织

学习目的、要求及重点内容

一、学习目的和要求

通过对本章的学习,了解会计工作组织的内涵及意义;理解会计工作组织方面的相关法规体系;掌握会计机构和会计人员的设置原则、会计人员的职责与权限。

二、重点内容

会计工作组织就是为完成会计任务、发挥会计作用而对会计工作所作出的科学安排和管理,主要包括会计机构的设置、会计人员的配备、会计核算和会计监督的具体内容、内部会计管理制度的制定与执行、会计档案的管理等方面内容。

为了保证具体会计工作正常进行,组织和从事会计工作应遵循我国现行会计法规体系,包含有"会计法律"、"会计行政法规"、"会计部门规章"和

"地方性法规"四个层次。

会计机构是各单位内部直接从事和组织领导会计工作的职能部门。国务院财政部门管理全国的会计工作,地方各级人民政府的财政部门管理本地区的会计工作。设置了会计机构,还必须配备会计人员,就需规定会计人员的主要职责,同时赋予会计人员特定的权限。

会计人员的岗位实行岗位责任制,即依据财务会计机构内部按照会计工作的内容和会计人员的配备,进行合理分工,使每项会计工作都有专人负责,每位会计人员都能明确自己的职责。

会计职业道德贯穿于会计工作的所有领域和整个过程,主要内容可以归纳为爱岗敬业、熟悉法律、依法办事、客观公正、搞好服务、保守秘密。

企业会计部门承担哪些会计工作,与企业的其他职能部门、车间、仓库等部门之间如何分工、协调和配合,都与会计工作的组织形式有关。根据企业规模的大小、业务的繁简以及企业内部其他各组织机构的设置情况,会计工作组织形式一般包括集中核算和非集中核算两种。在实际工作中,企业可以单一选择集中核算或非集中核算,也可以二者兼而有之。但一般来说,企业对外的现金往来、物资采购、债权债务的结算等业务都应由厂部财会部门集中办理核算。

会计档案是指"会计凭证、会计账簿和财务报告等会计核算专业资料,是记录和反映单位经济业务的重要史料和证据"。按照《会计档案管理办法》的规定,企业单位的会计档案包括以下的具体内容:会计凭证类;会计账簿类;财务报告类;其他类。该管理办法同时统一规定了会计档案的立卷、归档、保管、调阅和销毁等具体内容,会计档案的保管期限分为永久保管和定期保管两类,其中定期保管期限又分为 3 年、5 年、10 年、15 年、25 年。

会计工作交接,是会计工作中的一项重要内容,办好会计工作交接,有利于保持会计工作的连续性,有利于明确各自的责任。会计人员工作调动或因故离职,必须与接替人员办理交接手续,并将本人所经管的会计工作,在规定期限内移交清楚;接替人员应认真接管移交的工作,并继续办理移交的未了事项；交接完毕后，交接双方和监交人要在移交清册上签名或者盖章，并应在移交清册上注明单位名称、交接日期、交接双方以及监交人的职务和姓名，移交清册页数，以及需要说明的问题和意见等。交接工作完成后，移交人员应当对所移交的会计资料的真实性、完整性负责。

重要概念及复习思考题

一、重要概念

1. 会计工作组织　　2. 会计法规体系　3. 企业内部会计管理制度

4. 会计岗位责任制　5. 集中核算　　6. 会计机构

7. 会计人员职业道德　8. 会计工作交接　9. 会计档案

二、复习思考题

1. 会计人员有哪些职责和权限？

2. 什么是会计职业道德？会计职业道德与会计法规体系的关系如何？

3. 与非集中核算相比，集中核算的优缺点是什么？

4. 会计档案包括哪些基本内容？怎样保管会计档案？

5. 会计工作交接的程序及其具体内容如何？

自测练习题及参考答案

一、单项选择题

1. 《中华人民共和国会计法》明确规定,管理全国会计工作的部门是( )。
   - A. 国务院
   - B. 财政部
   - C. 全国人民代表大会
   - D. 注册会计师协会

2. 依据《中华人民共和国会计法》的明确规定,对本单位会计工作和会计资料的真实性和完整性负责的是( )。
   - A. 财务经理
   - B. 总会计师
   - C. 会计主管
   - D. 单位负责人

3. 在国有大中型企业中,领导和组织企业会计工作和经济核算工作的是( )。
   - A. 厂长
   - B. 注册会计师
   - C. 高级会计师
   - D. 总会计师

4. 在一些规模小、会计业务简单的企业,( )。
   - A. 必须单独设置会计机构
   - B. 可以在有关机构中配备专职会计人员
   - C. 必须在单位领导机构中设置会计人员
   - D. 不需要进行会计核算

5. 关于会计部门内部的岗位责任制,下列说法中错误的是( )。
   - A. 必须贯彻钱账分设、内部牵制的原则
   - B. 应保证每一项会计工作都有专人负责
   - C. 人员分工可以一岗一人,也可以一岗多人或多岗一人
   - D. 会计人员合理分工,能划小核算单位,缩小会计主体,简化会计工作

6. 会计人员的职责中不包括（　　　）。

    A. 进行会计核算　　　　　　B. 实行会计监督

    C. 编制预算　　　　　　　　D. 决定经营方针

7. 会计人员对不真实、不合法的原始凭证应（　　　）。

    A. 予以退回　　　　　　　　B. 更正补充

    C. 不予受理　　　　　　　　D. 无权自行处理

8. 集中核算和非集中核算，在一个企业里（　　　）。

    A. 可同时采用　　　　　　　B. 必须区别采用

    C. 既可同时采用，又可分别采用　D. 不能同时采用

9. 企业的年度报表的保管期限为（　　　）。

    A.15 年　　　　　　　　　　B. 3 年

    C.25 年　　　　　　　　　　D. 永久

10. 会计主管人员办理交接手续，必须有（　　　）负责监交。

    A. 会计机构负责人　　　　　B. 单位负责人

    C. 财政部门领导　　　　　　D. 其他会计人员

二、多项选择题

1. 会计工作的组织，主要包括（　　　）。

    A. 会计机构的设置　　　　　B. 会计人员的配备

    C. 会计工作的交接　　　　　D. 会计档案的保管

2. 我国会计专业技术职务有（　　　）。

    A. 助理会计师　　　　　　　B. 会计师

    C. 注册会计师　　　　　　　D. 高级会计师

3. 有关会计人员的法律规范包括（　　　）。

    A.《会计人员职权条例》　　B.《总会计师条例》

    C.《会计制度》　　　　　　D.《会计法》

4. 会计档案的定期保管期限有（　　　）。

    A.3 年　　　　　　　　　　B. 5 年

    C.10 年　　　　　　　　　　D. 25 年

5. 会计人员和会计机构的主要职责有(　　　)。

　　A. 进行会计核算

　　B. 拟定本单位的会计工作实施办法和制度

　　C. 实行会计监督

　　D. 编制财务战略预算,并考核分析执行情况

6. 无论采用集中核算还是非集中核算,都应由厂部财务会计部门集中办理的业务有(　　　)。

　　A. 企业对外的现金往来　　　　B. 材料耗费的明细核算

　　C. 物资购销　　　　　　　　　D. 财务会计报告的编制

7. 会计人员的主要权限有(　　　　)。

　　A. 督促本单位有关部门执行国家财务会计制度

　　B. 参与本单位编制计划

　　C. 对外签订经济合同

　　D. 参加有关的业务会议

8. 下列内容属于会计档案的有(　　　)。

　　A. 会计凭证　　　　　　　　B. 生产计划

　　C. 银行存款余额调节表　　　D. 会计档案保管清册

三、判断题

1. 《中华人民共和国会计法》明确规定,国务院直接管理全国各地区的会计工作。(　　)

2. 实际工作中,企业可以对某些业务采用集中核算,而对另外的业务采用非集中核算。(　　)

3. 尽管银行对账单不属于会计凭证,但它仍属于会计档案。(　　)

4. 《会计法》规定,任何企业单位都必须设置总会计师,其任职资格、任免程序、职责权限由国务院统一规定。(　　)

5. 会计工作监交后,监交人员应当对所移交的会计资料的真实性、完整性负责。(　　)

6. 对于未设置会计机构,也未在相关机构中设立专职会计人员的单

位,可委托代理机构代理记账。(　　)

7. 为保障会计信息的可比性和统一性,所有企业必须建立和保持相同的会计组织。(　　)

参考答案

一、单项选择题

1. B	2. D	3. D	4. B
5. D	6. D	7. C	8. C
9. D	10. B		

二、多项选择题

1. A、B、C、D	2. A、B、D	3. A、B、D	4. A、B、C、D
5. A、B、C	6. A、C、D	7. A、B、D	8. A、C、D

三、判断题

1. ×	2. √	3. √	4. ×
5. ×	6. √	7. ×	

第十二章　会计信息系统

一、学习目的和要求

通过本章学习,在了解会计数据和会计信息的基础上,明确会计信息系统的目标;了解会计信息系统发展的三个阶段和我国开展会计电算化的意义;熟悉手工会计与计算机会计数据处理的异同;了解会计软件的基本功能模块及其数据处理的基本流程;掌握会计软件的实施。

二、重点内容

(一)会计信息系统概述

会计数据和会计信息是会计信息系统的基本要素,会计信息系统的处理过程就是会计数据转换成会计信息的过程。同其他任何信息系统一样,会计信息系统也包含输入、处理和输出三个基本构成要素;其目标是要向企业内外部的决策者提供需要的会计信息及对会计信息有重要影响的其他非会计信息。

根据会计数据处理技术的不同,将会计信息系统划分为手工、机械化和电算化处理三个阶段。其中,会计电算化是我国对计算机在会计领域中应用的一种特殊称谓,而且随着会计理论与实务发展的要求,将被新的名词所替代(本教材称之为会计信息系统)。

(二)我国会计信息系统的发展

我国会计信息系统的发展经历了由简单到复杂、由低级到高级的过程,现在正朝着财务集中管理系统的方向发展。但不管到何种程度,会计信息系统的基本结构仍然包括输入、存储、处理、控制和输出等环节。从会计数据处理的流程来看,会计信息系统与手工条件下的会计处理既存在不同点,也有着一些相似之处,它们各有自己的特点,但计算机化的会计信息系统将成为不可替代的趋势。

(三)会计信息系统的数据处理流程

会计软件是专门用于会计数据处理的应用软件。它是一系列指挥计算机执行会计核算、分析、预测等工作的程序、存储数据或信息的文件及有关资料的总称。会计软件是会计信息系统的重要组成部分,其功能模块涵盖了会计核算、分析以及预测和决策的过程。在应用中,会计软件的实施较为重要,它包括会计软件的选择、安装、培训、用户化和二次开发、初始化等阶段性工作。会计软件实施的好坏,将直接影响到会计信息系统的效率和效益。

重要概念及复习思考题

一、重要概念

1. 数据　　　2. 信息　　　3. 系统
4. 信息系统　　5. 会计信息系统　　6. 会计软件
7. 会计软件实施

二、复习思考题

1. 信息系统有哪几个部分组成,各有什么功能?
2. 什么是会计数据? 什么是会计信息? 比较二者的区别与联系?
3. 计算机会计信息系统有什么特点?
4. 简述我国会计电算化发展的历程。
5. 试述我国开展会计电算化工作的意义。
6. 比较说明手工和计算机会计信息系统中会计数据处理有何异同?
7. 什么是会计软件? 它具有哪些功能?
8. 为什么说会计实施非常重要? 如何实施?

自测练习题及参考答案

一、单项选择题

1. 信息是数据加工的结果,它可以用文字、数字、图形等形式,对客观事物的性质、形式、结构和特征等方面进行反映,帮助人们了解客观事物的本质。信息必然是数据,但数据未必是(　　)。

   A. 文字　　　　　　　　　　B. 会计数据

   C. 图形　　　　　　　　　　D. 信息

2. 计算机会计信息系统是一个人—机相结合的系统,该系统是由人员、计算机硬件、(　　)和会计规范等基本要素组成。

   A. 会计软件

   B. 计算机软件—系统软件和应用软件

   C. 程序

   D. 系统软件

3. 人工与计算机混合收集方式是指首先财会人员将反映各种经济业务的原始纸张凭证收集、审核和确认,然后通过(　　)、屏幕将数据直接送入计算机存入凭证文件的一种方式。

   A. 打印机　　　　　　　　　B. 鼠标

   C. 键盘　　　　　　　　　　D. 软盘

4. 在计算机会计信息系统中,计算机会自动获取账簿中的数据,并自动编制出各种(　　),保存在凭证数据库文件中,完成数据的自动收集工作。

   A. 机制凭证　　　　　　　　B. 收款凭证

   C. 付款凭证　　　　　　　　D. 转账凭证

5. 显示输出指用(　　)的会计数据,按照财会人员的要求输出到显示器上。

A. 账簿上 　　　　　　　　B. 报表上

C. 磁介质数据库文件中 　　D. 凭证上

6. 替代手工记账后,现金和银行存款日记账必须( )。

A. 日清日结 　　　　　　　B. 日清月结

C. 月清月结 　　　　　　　D. 其他

7. 会计电算化档案包括存储在计算机中的数据和( )。

A. 以磁性介质存储的数据 　B. 以光盘存储的数据

C. 打印出来的书面形式会计数据D. 业务发生后填制的记账凭证

8. 系统开放过程中最关键的阶段是( )。

A. 可行性研究预计划 　　　B. 分析与设计

C. 编程与测试 　　　　　　D. 运行和维护

二、多项选择题

1. 系统的主要特征是( )。

A. 整体性 　　　　　　　　B. 目的性

C. 关联性 　　　　　　　　D. 层次性

E. 时滞性

2. 计算机会计信息系统是一个人—机相结合的系统,该系统是由( )等基本要素组成。

A. 人员 　　　　　　　　　B. 计算机硬件

C. 计算机软件 　　　　　　D. 会计规范

E. 计算机销售商

3. 会计数据处理的一般流程包括( )。

A. 会计数据收集 　　　　　B. 会计数据存储

C. 会计数据处理 　　　　　D. 会计信息报告

E. 内部会计控制

4. 在计算机会计信息系统中,凭证类型的设置可以选择( )方式进行设置。

A. 收、付、转三类

  B. 现收、现付、银收、银付、转账五类

  C. 只设一种类型

  D. 不设置凭证类型

5. 在计算机会计信息系统中,会计数据处理工作是由计算机自动完成的。目前最常见的会计数据处理方式有( )。

  A. 成批处理　　　　　　　　B. 实时处理

  C. 集中处理　　　　　　　　D. 分散处理

  E. 单独处理

6. 一般来说,财务处理子系统至少应划分出以下几个功能模块:( )和系统服务模块等。

  A. 往来账模块　　　　　　　B. 初始化模块

  C. 凭证处理模块　　　　　　D. 记账结账模块

  E. 账表输出模块

7. 从广义上讲,替代手工记账仅仅是会计电算化工作的"初级阶段",是本单位会计电算化工作的起点。主要任务是完成( )。

  A. 数据处理　　　　　　　　B. 初始化

  C. 计算机与手工并行　　　　D. 甩账验收

  E. 日常业务的处理

8. 计算机代替手工记账后的管理主要包括四个方面的内容,其中日常操作管理主要包括( )。

  A. 计算机系统使用管理　　　B. 上机操作管理

  C. 会计业务处理程序的管理　D. 计算机软件维护管理

  E. 会计档案管理

9. 计算机与手工并行工作期间,可以采用( )作为记账凭证。

  A. 原始凭证　　　　　　　　B. 汇总记账凭证

  C. 手工记账凭证　　　　　　D. 用计算机打印出的记账凭证

  E. 机制凭证

10. 实现电算化后会计档案可以采用下列( )方式进行存储。

A. 磁带　　　　　　　　　B. 磁盘

C. 光盘　　　　　　　　　D. 微缩胶片

E. 书面形式

三、判断题

1. 信息和数据是同一概念。(　　)

2. 计算机会计信息系统是由硬件系统、软件系统组成的。因此,只要购买了计算机、系统软件和会计软件,就表明企业可以利用计算机会计信息系统完成各种会计工作。(　　)

3. 计算机会计信息系统与手工会计信息系统完全不同。(　　)

4. 会计数据备份模块的功能是将存储在计算机硬盘上的数据复制到软盘上(或磁带、光盘上),以保证在硬盘上的数据发生故障时,能够及时从软盘上恢复正确的数据。(　　)

5. 当会计科目的余额或发生额不为零时,不能对此会计科目的属性进行修改。(　　)

6. 在计算机财务系统中,由于计算机记账,总账余额、发生额与下属的明细账余额、发生额不会像手工因计算错误发生不一致的现象。(　　)

7. 会计软件的初始化就是将所用到的数据库清空。(　　)

8. 电算化会计档案包括存储在计算机中的数据和计算机打印出来的书面等形式的会计数据。(　　)

9. 对于会计数据,必须经常进行备份工作,每日必须对计算机内的会计资料在计算机硬盘中进行备份。(　　)

10. 现金日记账和银行存款日记账必须当天登记,做到日清月结,到月末一次打印。(　　)

参考答案

一、单项选择题

1. D　　　　　2. B　　　　　3. C　　　　　4. A

| 5. C | 6. B | 7. C | 8. B |

二、多项选择题

1. A、B、C、D	2. A、B、C、D	3. A、B、C、D	4. A、B、C
5. A、B	6. B、C、D、E	7. A、B、C、D	8. A、B、C
9. C、D	10. A、B、C、D、E		

三、判断题

1. ×	2. ×	3. ×	4. √
5. √	6. √	7. ×	8. √
9. √	10. ×		

模拟试卷及参考答案

模拟试卷(一)

一、单项选择题

1. 按照权责发生制,下列项目中不属于本期费用的有( )。

    A. 以银行存款支付下季度报纸杂志费

    B. 本期应摊以前月份支付的财产保险费

    C. 预提本月银行借款利息

    D. 职工张三报销差旅费

2. 引起资产内部一个项目增加,另一个项目减少,而资产总额不变的经济业务是( )。

    A. 用银行存款偿还短期借款　　B. 收到投资者投入的机器一台

    C. 收到外单位前欠货款　　　　D. 购买原材料货款未付

3. 编制会计分录不能出现的形式有( )。

    A. 一借一贷的会计分录

    B. 一借多贷或一贷多借的会计分录

    C. 同一经济业务多借多贷的会计分录

    D. 不同类型经济业务合并编制的多借多贷会计分录

4. 对本期生产经营性支出,为了正确地计算产品的生产成本,应划清的界限是(　　)。

　　A. 生产成本和制造费用　　　　　B. 制造成本和期间费用

　　C. 制造费用和管理费用　　　　　D. 管理费用和财务费用

5. 预收账款不多的企业,可以不设置"预收账款"科目,而直接将预收

　　的货款记入(　　)。

　　A. "应收账款"科目的借方　　　　B. "应收账款"科目的贷方

　　C. "应付账款"科目的借方　　　　D. "应付账款"科目的贷方

6. 盘存表是一张反映企业资产物资实有数的(　　)。

　　A. 外来原始凭证　　　　　　　　B. 自制原始凭证

　　C. 记账凭证　　　　　　　　　　D. 转账凭证

7. 能够提供企业某一经济业务增减变化较为详细会计信息的账

　　簿是(　　)。

　　A. 明细分类账　　　　　　　　　B. 总分类账

　　C. 备查簿　　　　　　　　　　　D. 记账凭证

8. 记账凭证账务处理程序的最显著特点是直接根据记账凭证逐笔

　　登记(　　)。

　　A. 现金日记账　　　　　　　　　B. 银行存款日记账

　　C. 各种明细账　　　　　　　　　D. 总账

9. 对于大堆笨重的材料物资实存数的确定,一般采用(　　)。

　　A. 实地盘点　　　　　　　　　　B. 抽查检验

　　C. 查询核对　　　　　　　　　　D. 技术推算盘点

10. 会计报表编制的根据是(　　)。

　　　A. 原始凭证　　　　　　　　　B. 记账凭证

　　　C. 汇总记账凭证　　　　　　　D. 账簿记录

二、多项选择题

1. 表示企业财务状况的会计要素是指(　　)。

　　A. 资产　　　　　　　　　　　　B. 负债

　　C. 所有者权益　　　　　　　　　D. 收入

2. 关于会计对象,下列说法正确的有( )。

   A. 是企业的全部经济活动   B. 能以货币表现的经济活动

   C. 资金运动   D. 能以实物计量的经济活动

3. 下列项目属于资产项目之间此增彼减的业务有( )。

   A. 以银行存款归还应付账款

   B. 收到对方单位归还的货款存入银行

   C. 从 A 单位购买材料,货款未付

   D. 以银行存款购买原材料

4. 企业实现的净利润按照国家有关规定进行分配,其分配渠道为( )。

   A. 支付职工工资   B. 提取盈余公积

   C. 向投资者分配利润   D. 交纳销售税金

5. "累计折旧"和"利润分配"账户在用途和结构上的相同之处( )。

   A. 为了求得被调整账户的实际金额而设置的

   B. 年末余额均为零

   C. 按经济内容分类,同属于资产类账户

   D. 按用途结构分类,同属于备抵调整账户

6. 根据转账凭证登记的账簿有( )。

   A. 现金日记账   B. 银行存款日记账

   C. 总分类账   D. 明细分类账

7. 科目汇总表账务处理程序,可以( )。

   A. 进行试算平衡   B. 反映账户的对应关系

   C. 减少登记总账的工作量   D. 反映详细的核算指标

8. 在以下几种情况下需进行全面清查:( )。

   A. 单位撤销、合并或改变隶属关系

   B. 年终结算前

   C. 中外合资、国内联营

   D. 开展清产核资

9. 损益表可以提供的信息有(　　)。

　A. 取得的全部收入　　　　　B. 发生的全部费用和支出

　C. 其他业务利润　　　　　　D. 实现的利润或亏损总额

10. 资本公积的范围包括(　　)。

　A. 股本溢价　　　　　　　　B. 固定资产变价收入

　C. 法定财产重估增值　　　　D. 接受捐赠

三、判断题

1. 法律主体均可作为会计主体,会计主体不一定是法律主体。(　　)

2. 资产是一种经济资源,具体表现为具有各种实物形态的财产。(　　)

3. 采用复式记账的方法,主要是为了便于登记账簿。(　　)

4. 把费用按一定的对象予以归集和分配,即对象化了的费用通常称为期间费用。(　　)

5. "制造费用"账户按其用途和结构分类,属于成本计算账户。(　　)

6. 企业每项经济业务的发生都必须从外部取得原始凭证。(　　)

7. 总分类账和明细分类账平行登记的要求是依据相同、时期相同、金额相等和方向相同。(　　)

8. 记账凭证账务处理程序是其他各种账务处理程序的基础。(　　)

9. 对于未达账项,应编制银行存款余额调节表,以检查企业与银行双方账面余额是否一致,并据此及时调整有关账簿的记录。(　　)

10. 将于一年内到期的长期负债,在资产负债表内应当在流动负债下单列项目反映。(　　)

四、简答题

1. 会计核算方法包括哪些内容,简述它们之间的关系。

2. 简述记账凭证账务处理程序的特点、步骤、优缺点及适用范围。

五、练习题

(一)根据以下某企业某年 6 月份发生的经济业务编制会计分录(凡能确定明细账户的,应在分录中列出)

1. 企业收到某公司作为投资投入的机器一台,双方按公允价值 50000

元入账。

2. 向银行借入为期三个月年利率 12% 的借款 100000 元,所得款项存入银行。

3. A 公司购入甲材料 5000 千克,单价 2.00 元,增值税 1700 元。以上款项未支付,材料已验收入库。

4. 仓库发出甲材料,用于产品生产和一般耗用,其中:

生产子产品耗用　　　　　　　7000 元

生产丑产品耗用　　　　　　　5000 元

车间一般耗用　　　　　　　　2000 元

厂部一般耗用　　　　　　　　1000 元

5. 分配并结转本月工资费用,其中:

生产子产品工人工资　　　　　10000 元

生产丑产品工人工资　　　　　6000 元

车间管理人员工资　　　　　　1000 元

厂部管理人员工资　　　　　　2500 元

6. 以银行存款支付本月电费,其中:

生产子产品用电　　　　　　　1400 元

生产丑产品用电　　　　　　　840 元

车间照明用电　　　　　　　　140 元

厂部用电　　　　　　　　　　350 元

7. 计提本月固定资产折旧,其中车间 1500 元,厂部 1200 元。

8. 以银行存款支付本月固定资产租金,其中车间 360 元,厂部 550 元。

9. 计算本月负担的银行借款利息 1000 元。

10. 本月制造费用共计 5000 元,按生产工时比例在子、丑产品中分摊(其中子产品耗用 14200 工时,丑产品耗用 10800 工时)。

11. 本月丑产品 1000 件全部完工验收入库,总成本 14000 元,结转完工入库产品成本,子产品全部未完工。

12. 收到 B 公司预付购买子产品的货款 15000 元,已存入银行。

13. 期末结转本月发生的各种收入,其中,主营业务收入 80000 元,营业外收入 17000 元。

14. 期末,结转本月发生的各种费用成本,其中主营业务成本 50000 元,营业费用 5000 元,营业税金及附加 2400 元,管理费用 5600 元,财务费用 1000 元,营业外支出 3000 元。

15. 本期利润总额为 30000 元,按 25％的税率计算本月应收所得税,并结转当期收益。

(二)编表题

1. 某企业某月 30 日银行存款日记账余额为 186000 元,银行对账单余额为 164800 元,经逐笔核对查明下列未达账项。

(1)企业收到销货款 20000 元,已记银行存款增加,银行未入账。

(2)接到广州某单位汇来的货款 15000 元,银行已记增加,企业未记增加。

(3)企业开出现金支票一张 8000 元,已记银行减少,持票人尚未到银行提取,银行尚未入账。

(4)银行代企业支付购料款 24200 元,银行已记减少,企业尚未记减少。

要求:根据以上资料编制银行存款余额调节表。

银行存款余额调节表

项　目	金额	项　目	金额
企业银行存款日记账余额		银行对账单余额	
加:银行已收企业未收款		加:企业已收银行未收款	
减:银行已付企业未付款		减:企业已付银行未付款	
调节后的存款余额		调节后的存款余额	

2. 某企业 6 月份发生下列业务:

(1)销售产品一批,货款 70000 元存入银行。

(2)销售产品一批,货款 30000 元尚未收到。

(3)用银行存款 12000 元预付下半年房屋租金。

(4)收到外单位预付货款 15000 元,下月交货。

(5)以银行存款支付本月各项费用 20000 元。

要求:根据以上资料,分别按权责发生制和收付实现制填列下表。

序号	权责发生制		收付实现制	
	收入	费用	收入	费用
1				
2				
3				
4				
5				

模拟试卷(二)

一、单项选择题

1. 会计的基本职能是(　　　)。

 A. 生产职能

 B. 生产职能和管理职能的统一

 C. 核算、监督职能

 D. 主要是管理职能兼生产职能

2. 下列业务引起资产和权益同增的是(　　)。

 A. 偿还所欠客户材料款

 B. 收到投资人的追加投资

 C. 企业对外捐赠的材料

 D. 收回客户所欠货款

3. 把账户分为借方贷方,哪一方记增加数,哪一方记减少数,取决于(　　)。

 A. 记账形式

 B. 核算方法

 C. 记账规则

 D. 经济业务的内容

4. 企业的生产成本是由直接材料加直接人工,再加(　　)。

 A. 管理费用

 B. 制造费用

 C. 销售费用

 D. 财务费用

5. 不单独设置"预付账款"账户的企业,发生的预付货款业务应记入的账户是(　　)。

 A. 应收账款

 B. 其他应付款

 C. 其他应收款

 D. 应付账款

6. 下列各项中,属于原始凭证的是(　　)。

 A. 盘存单

 B. 往来款项对账单

 C. 银行存款余额调节表

 D. 购货合同书

7. 下列账簿中,属于联合账簿的是(　　)。

 A. 备查账簿

 B. 日记总账

　C. 普通日记账　　　　　　　　　　D. 特种日记账

8. 记账凭证账务处理程序登记总分类账的依据是(　)。

　　A. 原始凭证　　　　　　　　　　B. 记账凭证

　　C. 多栏式日记账　　　　　　　　D. 科目汇总表

9. 某企业财产物资账面期初余额 10000 元,本期增加额 5000 元,采用永续盘存制确定的本期减少额 12000 元。如果该企业对财产物资采用实地盘存制度,期末确定的实存额 4000 元。两种方法确定的本期减少额之间相差(　)。

　　A. 1000 元　　　　　　　　　　B. 3000 元

　　C. 1300 元　　　　　　　　　　D. 1100 元

10. 按现行规定,我国损益表采用的格式是(　)。

　　A. 账户式　　　　　　　　　　　B. 单步式

　　C. 报告式　　　　　　　　　　　D. 多步式

二、多项选择题

1. 对于收入和费用归属期的确定,会计处理上通常采用的方法有(　)。

　　A. 实地盘存制　　　　　　　　　B. 收付实现制

　　C. 权责发生制　　　　　　　　　D. 永续盘存制

2. 下列项目中属于期间费用的有(　)。

　　A. 管理费用　　　　　　　　　　B. 制造费用

　　C. 财务费用　　　　　　　　　　D. 销售费用

3. 在借贷记账法下,结算账户中许多是双重性质的账户。主要有(　)。

　　A.“应收账款”账户　　　　　　　B.“应付账款”账户

　　C.“短期借款”账户　　　　　　　D.“应交税费”账户

4. 备抵调整账户(　)。

　　A. 与被调整账户余额方向相同

　　B. 与被调整账户余额方向相反

C. 与被调整账户余额反映的经济内容相同

D. 被调整账户的实际余额＝被调整账户余额－调整账户余额

5. 记账凭证按其包括的会计科目是否单一分为（　　）。

A. 原始凭证　　　　　　　　　B. 记账凭证

C. 单式凭证　　　　　　　　　D. 复式凭证

6. 结账工作的主要内容包括（　　）。

A. 把本期内发生的经济业务全部记入有关账簿

B. 编制试算平衡表

C. 按权责发生制原则调整和结转有关账项

D. 计算、登记本期发生额和期末余额

7. 在科目汇总表账务处理程序中,各种明细账登记的依据是（　　）。

A. 原始凭证　　　　　　　　　B. 收款凭证

C. 付款凭证　　　　　　　　　D. 转账凭证

8. 银行存款的清查是采用（　　）账项核对的方法进行的。

A. 银行存款日记账　　　　　　B. 银行对账单

C. 银行存款实有数　　　　　　D. 银行存款总账

9. 企业的下列报表中属于对外报表的有（　　）。

A. 资产负债表　　　　　　　　B. 所有者权益变动表

C. 主要产品单位成本表　　　　D. 损益表

10. 一项负债增加,引起另一方变化的可能是（　　）。

A. 一项资产的增加　　　　　　B. 一项资产的减少

C. 一项负债的减少　　　　　　D. 一项所有者权益减少

三、判断题

1. 企业的会计核算,应以权责发生制为基础。（　　）

2. "资产＝负债＋所有者权益"的平衡公式适用于所有企业的会计核算。（　　）

3. 在借贷记账法中,"借"、"贷"作为记账符号已经失去了原来字面的含义,因此对于所有的账户来说,"借"表示增加,"贷"表示

减少。（　　）

4. 资产只要符合定义,均应列入资产负债表。（　　）

5. 企业各月月末都有在产品的情况下,"生产成本"账户就其结构和用途划分,既是成本计算账户,又是盘存类账户。（　　）

6. 企业将现金存入银行或从银行提取现金,为了避免重复结账,一般只编制收款凭证,不编制付款凭证。（　　）

7. 存货明细账应采用三栏式账簿,以反映其收入、发出和结存情况。（　　）

8. 科目汇总表会计核算形式的缺点在于不能反映账户对应关系。（　　）

9. 银行存款余额调节表是查明银行和本单位未达账项情况的表格。（　　）

10. 资产负债表是一种静态报表,应根据有关账户的期末余额直接填列。（　　）

四、简答题

1. 简述经济业务的四种基本类型及对会计等式的影响。

2. 什么是对账? 简述对账的基本内容。

五、练习题

(一)根据以下某企业某年 6 月份发生的经济业务编制会计分录(凡能确定明细账户的,应在分录中列出)

1. 企业向 A 单位购进材料 5000 千克,单价 30 元,货款 150000 元,增值税(进项税)25500 元。以上款项尚未付,材料已验收入库。

2. 仓库发出原材料,用于产品生产和一般耗用,其中:

生产甲产品领用	14000 元
生产乙产品领用	10000 元
车间一般耗用	5000 元
厂部一般耗用	2000 元

3. 分配本月工资费用如下:

生产甲产品工人工资	11000 元
生产乙产品工人工资	8000 元
车间管理人员工资	1500 元
厂部管理人员工资	3500 元

4. 计提本月固定资产折旧,其中,车间2500元,厂部2000元。

5. 计算本月银行借款利息2500元。

6. 归集本月制造费用9000元,按生产工时在甲、乙产品中分摊(其中甲产品10000工时,乙产品8000工时)。

7. 月末甲、乙产品全部完工验收入库,甲产品1000件,总成本30000元,乙产品880件,总成本22000元,结转完工产品成本。

8. 本月向B单位销售甲产品900件,单价50元,乙产品800件,单价40元,增值税(销项税额)13090元,以上款项尚未收到。

9. 以银行存款5000元支付以上两种产品的销售费用。

10. 结转上述已售产品生产成本,其中甲产品27000元,乙产品20000元。

11. 计算本月甲产品的销售税金2300元。

12. 没收逾期未退包装物押金8800元,经批准作"营业外收入"入账。

13. 以银行存款支付税收滞纳金1500元。

14. 月末,结转本月各项收入,其中,主营业务收入77000元,营业外收入8800元。

15. 月末,结转本月各项费用,其中,主营业务成本47000元,销售费用5000元,营业税金及附加2300元,管理费用7500元,财务费用2500元,营业外支出1500元。

16. 本月利润总额为20000元,按25%的税率计算本月应交所得税,并结转当期损益。

（二）根据以上资料编制下列利润表

利润表

年　　月

项　　目	金　　额
一、营业收入	
减:营业成本	
营业税金及附加	
销售费用	
管理费用	
财务费用	
资产减值损失	
加:公允价值变动收益	
投资收益	
二、营业利润	
加:营业外收入	
减:营业外支出	
三、利润总额	
减:所得税费用	
四、净利润	

模拟试卷(三)

一、单项选择题

1. 在会计核算的基本前提中,确定会计核算空间范围的是(　　)。

    A. 会计主体　　　　　　　　B. 持续经营

    C. 会计分期　　　　　　　　D. 货币计量

2. 下列等式属于会计基本等式的是(　　)。

    A. 资产＝负债＋所有者权益

    B. 资产＝权益

    C. 资产＝负债＋所有者权益＋(收入－费用)

    D. 资产＝负债＋所有者权益＋利润

3. 借贷记账法下所有账户期末借方余额之和等于期末贷方余额之和的平衡是由(　　)。

    A. 借贷记账法的记账法则决定的　　B. 会计基本等式决定的

    C. 复式记账法决定　　　　　　　　D. 平行登记法决定的

4. 月末,企业将期间费用账户的借方发生额合计转入(　　)。

    A.“生产成本”账户借方　　　　B.“制造费用”账户借方

    C.“管理费用”账户借方　　　　D.“本年利润”账户借方

5. 债权债务结算账户的借方余额或贷方余额表示(　　)。

    A. 债权的实际余额

    B. 债权和债务增减变动后的差额

    C. 债务的实际余额

    D. 债权和债务的实际余额之和

6. 会计人员在审核原始凭证过程中,对于手续不完备的原始凭证,按规定应(　　)。

A. 扣留原始凭证   B. 拒绝执行

C. 向上级机关反映   D. 退回出具单位要求补办手续

7. 会计人员登账时,误将 687 元写成 678 元,而记账凭证无误,并在结账前发现,应采用的更正方法为( )。

A. 红字更正法   B. 补充登记法

C. 划线更正法   D. 横线登记法

8. 各种账务处理程序的主要区别在于( )。

A. 日记账的格式不同   B. 填列记账凭证的程序不同

C. 登记明细账的依据不同   D. 登记总账的依据和方法不同

9. 下列业务不需要通过"待处理财产损溢"科目核算的是( )。

A. 固定资产盘亏   B. 无法收回的应收账款

C. 材料盘亏   D. 产成品丢失

10. 企业无论是采用集中核算还是非集中核算,都应该由厂级会计部门集中办理的核算业务是( )。

A. 整理某些会计凭证   B. 进行材料明细核算

C. 债权债务结算   D. 内部报表的编制与分析

二、多项选择题

1. 下列项目中,属于资产和权益同减的项目有( )。

A. 以银行存款归还前欠货款

B. 收到对方单位归还货款存入银行

C. 购买材料货款未付

D. 以银行存款支付职工医药费

2. 应付利息账户( )。

A. 核算先计入当期,应由以后支付的利息

B. 借方登记实际支付的利息数

C. 贷方登记按期计入当期的利息费用数

D. 期末余额在贷方

3. 下列项目中,属于原始凭证的有( )。

　　A. 收料单　　　　　　　　　B. 实存账存对比表

　　C. 银行存款余额调节表　　　D. 现金盘点报告表

4. 现金日记账的登记依据是(　　)。

　　A. 现金付款凭证　　　　　　B. 现金收款凭证

　　C. 银行存款收款凭证　　　　D. 银行存款付款凭证

5. 账账核对的内容主要包括(　　)。

　　A. 总分类账各账户本月借方发生额合计数与贷方发生额合计数
　　　核对

　　B. 总分类账各账户余额与其所属有关明细分类账各账户余额合计
　　　数核对

　　C. 现金和银行存款日记账的余额与总分类账各项账户余额核对

　　D. 会计部门有关财产物资的明细账与保管部门的登记簿定期核对

6. 汇总记账凭证账务处理程序的优点是(　　)。

　　A. 总账记录详细　　　　　　B. 简单明了,易于理解

　　C. 减少登记总账的工作量　　D. 科目对应关系清楚

7. 会计基本等式是下列(　　)项目的理论基础。

　　A. 设置会计科目和账户　　　B. 复式记账

　　C. 填制和审核凭证　　　　　D. 编制会计报表

8. 一般企业实现的利润应按以下渠道进行分配(　　)。

　　A. 支付销售税金

　　B. 按税后利润的一定比例提取盈余公积

　　C. 向投资者分配利润

　　D. 支付借款利息

9. 下列项目中,属于会计核算方法的是(　　)。

　　A. 复式记账　　　　　　　　B. 填制和审核凭证

　　C. 登记账簿　　　　　　　　D. 会计分析方法

10. 各种常用的账务处理程序的基本相同点是(　　)。

　　A. 填制记账凭证的依据相同

B. 登记明细账的根据和方法相同

C. 填制原始凭证的依据相同

D. 编制会计报表的依据和方法相同

三、判断题

1. 重要性原则是指在会计核算中,对于重要事项,足以影响报表使用者作出决策的,应分别核算,重点说明;而对于次要事项,则可以不单独说明。(　　　)

2. 一项所有者权益增加的同时,引起的另一方面变化可能是一项资产减少。(　　　)

3. 在借贷记账法中,只要借、贷金额相等,账户记录就不会有错误。(　　　)

4. "利润分配"账户和"所得税费用"账户同属于损益类账户。(　　　)

5. 按用途和结构分类,"累计折旧"账户应属于备抵调整账户。(　　　)

6. "限额领料单"是一种单式记账凭证。(　　　)

7. 日记账只是指现金日记账和银行存款日记账。(　　　)

8. 编制科目汇总表的直接依据是审核无误的记账凭证。(　　　)

9. 为了及时掌握各项财产物资的增减变动和结存情况,一般应采用永续盘存制。(　　　)

10. 资产负债表是反映企业在一定日期财务状况的会计报表,而损益表则是反映企业在一定期间经营成果的会计报表。(　　　)

四、简答题

1. 什么是会计要素? 它包括哪些基本内容?

2. 财产物资的盘存制度有哪几种? 简述其优缺点及适用范围。

五、练习题

(一)根据以下某企业某年6月份发生的经济业务编制会计分录(凡能确定明细账户的,应在分录中列出)

1. 向 A 单位购进甲材料 1000 千克,单价 20 元,乙材料 4000 千克,单价 15 元,增值税(进项税额)13600 元,以上款项尚未支付,材料已验收入库,结转入库材料成本。

2. 向 B 单位购进甲材料 3000 千克,单价 20 元,乙材料 6000 千克,单价 15 元,增值税(进项税额)22500 元,以上款项已由银行存款支付,材料尚在途中。

3. 以银行存款 1800 元支付向 B 单位购进的甲乙材料的运杂费(运杂费按材料重量比例分摊)。

4. 上述材料验收入库,结转入库材料采购成本。

5. 仓库发出下列原材料,用于产品生产和一般耗用,其中:

	甲材料	乙材料
生产产品耗用	30000	50000
车间耗用	6000	5000
厂部耗用	10000	15000

6. 分配并结转本月工资费用,其中:

生产工人工资	70000
车间工人工资	20000
厂部工人工资	35000

7. 以银行存款支付本月电费,其中:

生产产品用电	9800 元
车间照明用电	2800 元
厂部管理用电	4900 元

8. 按规定的折旧率计提本月固定折旧,其中车间 8500 元,厂部 3500 元。

9. 以银行存款支付本月固定资产租金费用,其中车间 2700 元,厂部 1600 元。

10. 计算本期的银行借款利息 3000 元。

11. 归集本月制造费用 45000 元,结转产品成本。

12. 本月产品 10000 件全部完工验收入库,总成本 204800 元,结转完工产品成本。

13. 向 B 单位销售子产品 8000 件，单价 30 元，增值税（销项税额）40800 元，以上款项尚未收到。

14. 以银行存款 6160 元支付产品销售费用。

15. 结转已售产品成本 163840 元。

16. 本期实现利润总额 70000 元，按 25％的税率计算应交税，并结转当期损益。

(二)编表题

根据以上资料，登记"原材料"总账和甲乙明细账，并编制"总分类账户与明细分类账户发生额及余额对照表"。

材料	材料——甲	材料——乙

总分类账户与明细分类账户发生额及余额对照表

名称	期初余额		本期发生额		期末余额	
	借方	贷方	借方	贷方	借方	贷方
甲材料						
乙材料						
材料总额						

模拟试卷(四)

一、单项选择题

1. 会计对象是指社会再生产过程中的(   )。

   A. 全部经济活动

   B. 能以货币表现的经济活动

   C. 生产过程中经济活动

   D. 供应过程、生产过程、销售过程中的经济活动

2. 假如某账户期初余额为 5600 元,本期期末余额为 5700 元,本期减少发生额为 800 元,则该企业本期增加发生额为(   )。

   A. 900 元   B. 10500 元

   C. 700 元   D. 12100 元

3. 标明某项经济业务应借、应贷账户及其金额的记录称为(   )。

   A. 记账凭证   B. 记账方法

   C. 会计分录   D. 会计方法

4. 企业管理部门计提的职工福利费应借记的科目是(   )。

   A. 应付职工薪酬   B. 制造费用

   C. 管理费用   D. 生产成本

5. 下列每组账户,属于经济内容不同而用途结构相同的是(   )。

   A."固定资产"、"利润分配"账户

   B."累计折旧"、"利润分配"账户

   C."累计折旧"、"固定资产"账户

   D."本年利润"、"利润分配"账户

6. 企业所编制的会计分录不体现在(   )上。

   A. 转账凭证   B. 原始凭证

  C. 收款凭证　　　　　　　　　D. 付款凭证

7. 在结账之前,如果发现账簿记录有错误,而记账凭证填制正确,更正时可用(　　)。

  A. 红字更正法　　　　　　　　B. 划线更正法

  C. 补充登记法　　　　　　　　D. 更换账页法

8. 下列账务处理程序中最基本的一种是(　　)。

  A. 记账凭证账务处理程序　　　B. 科目汇总表账务处理程序

  C. 汇总记账凭证账务处理程序　D. 日记总账账务处理程序

9. 某企业银行存款日记账余额 56000 元,银行已收企业未收款项 10000 元,企业已付银行未付款项 2000 元,银行已付企业未付款项 8000 元,调节后的银行存款余额是(　　)。

  A. 58000 元　　　　　　　　　B. 54000 元

  C. 62000 元　　　　　　　　　D. 56000 元

10. 资产负债表与所有者权益变动表中金额相等的项目是(　　)。

  A. 税后利润　　　　　　　　　B. 盈余公积

  C. 未分配利润　　　　　　　　D. 应付利润

二、多项选择题

1. 表示企业生产经营成果的会计要素是(　　)。

  A. 资产　　　　　　　　　　　B. 收入

  C. 费用　　　　　　　　　　　D. 利润

2. 下列项目中,包括在利润表中的有(　　)。

  A. 管理费用　　　　　　　　　B. 财务费用

  C. 销售费用　　　　　　　　　D. 制造费用

3. "长期待摊费用"账户(　　)。

  A. 核算先支付后计入成本的费用数

  B. 借方登记实际支付的费用数

  C. 贷方登记分期计入当期费用成本数

  D. 期末余额在借方

4. 盘存账户的共同特点是( )。

　　A. 都提供实物指标

　　B. 可采用实地盘点或对账方法对账

　　C. 账户的余额可能在借方,也可能在贷方

　　D. 除现金和银行存款外均可提供实物指标

5. 银行存款日记账的登记依据是( )。

　　A. 银行存款付款凭证　　　　　B. 银行存款收款凭证

　　C. 现金付款凭证　　　　　　　D. 现金收款凭证

6. 总分类账户与明细分类账的内在联系表现在( )。

　　A. 二者反映的经济业务内容相同

　　B. 反映经济业务内容的详细程度相同

　　C. 登记的方向一致

　　D. 登记账簿的原始依据相同

7. 账实核对的主要内容有( )。

　　A. 现金日记账账面余额与现金实际库存数相核对

　　B. 银行存款日记账账面余额与开户银行账目核对

　　C. 各种材料、物资明细账账面余额与实存数核对

　　D. 各种应收、应付明细账余额与对方单位核对

8. 各种账务处理程序下,明细分类账的登记依据是( )。

　　A. 原始凭证　　　　　　　　　B. 转账凭证

　　C. 收款凭证　　　　　　　　　D. 付款凭证

9. 下列业务中,造成企业银行存款日记账与银行对账单不相等的
　　有( )。

　　A. 企业未入账的收入款项,银行已入账

　　B. 企业未入账的支出款项,银行已入账

　　C. 企业已入账的支出款项,银行未入账

　　D. 企业已入账的收入款项,银行未入账

10. 会计基本等式是下列( )几种方法的理论基础。

A. 设置会计科目　　　　　B. 复式记账

C. 填制和审核凭证　　　　D. 编制会计报表

三、判断题

1. 对任何会计事项,都应按谨慎原则处理。(　　)

2. "资产＝负债＋所有者权益"这个平衡公式是企业资金运动的动态表现。(　　)

3. 按规定,企业的会计记账必须采用借贷记账法。(　　)

4. 符合资产定义,但不符合资产确认条件的项目,不应当列入资产负债表。(　　)

5. 按用途和结构分类,"累计折旧"账户应属于附加调整账户。(　　)

6. 转账凭证不能反映现金、银行存款的增减变动。(　　)

7. 银行存款日记账必须采用订本式账簿。(　　)

8. 各种账簿都是直接根据记账凭证进行登记的。(　　)

9. 企业更换仓库保管员时,必须进行全面清查。(　　)

10. 如果按顺序划分,结账应在编制会计报表之后进行。(　　)

四、简答题

1. 简述调整账户的分类及特点。

2. 简述财务报表的编制要求。

五、练习题

(一)根据以下某企业某年 6 月份发生的经济业务编制会计分录(凡能确定明细账户的,应在分录中列出)

1. 国家以一新机器向企业投资,该机器的公允价值为 50000 元。

2. 向某单位购入材料 4000 公斤,单价 30 元,增值税(进项税额)20400元,以上款项尚未支付,材料已验收入库。

3. 仓库发出材料,用于产品生产和一般耗用,其中:

生产甲产品领用　　　　　　50000 元

生产乙产品领用　　　　　　40000 元

车间一般耗用　　　　　　　8000 元

厂部一般耗用　　　　　　12000 元

4. 分配并结转本月工资费用：

生产甲产品生产工人工资　　　　60000 元

生产乙产品生产工人工资　　　　70000 元

车间管理人员工资　　　　10000 元

厂部管理人员工资　　　　30000 元

5. 以银行存款支付本月电费，其中：

生产甲产品用电　　　　8400 元

生产乙产品用电　　　　9800 元

车间照明用电　　　　1400 元

厂部管理用电　　　　4200 元

6. 按规定的折旧率计提本月固定资产折旧，其中车间计提 4600 元，厂部计提 2500 元。

7. 以银行存款支付本月的财产保险费，其中车间 1000 元，厂部 1300 元。

8. 以银行存款支付本季度银行借款利息 1800 元，其中前两个月已计提 1200 元。

9. 归集本月制造费用 25000 元，按生产工时比例在甲、乙产品中分摊（甲产品为 23200 元/工时，乙产品 26800 元/工时）。

10. 本月甲产品投产 1000 件，总成本 130000 元，月末全部完工验收入库，结转完工入库产品成本，乙产品月末全部未完工。

11. 销售甲产品 800 件，单价 160 元，增值税（销项税额）21760 元，以上款项尚未收到。

12. 以银行存款 4000 元支付上述甲、乙产品的销售费用，结转已售甲产品成本 104000 元。

13. 将本月各项收入和费用成本结转"本年利润"账户，其中：

主营业务收入 128000 元，销售费用 4000 元，主营业务成本 104000 元。

14. 本期实现利润总额 20000 元，按 25％的税率计算本期应交所得税，并结转"本年利润"账户。

15. 税后利润为 15000 元,按 10％的比例计提盈余公积。

16. 期末,企业决定分配给投资者利润 8000 元。

(二)编表题

根据以上资料登记"生产成本"甲、乙产品明细账。

产品成本明细账

产品名称:甲产品　　　　　　　　　　　　　　　　　单位:元

项　　目	产量(件)	原材料	职工薪酬	制造费用	合计
本月生产费用					
结转完工产品成本					
完工产品单位成本					

产品成本明细账

产品名称:乙产品　　　　　　　　　　　　　　　　　单位:元

项　　目	产量(件)	原材料	职工薪酬	制造费用	合计
本月生产费用					
月末在产品成本					

模拟试卷(五)

一、单项选择题

1. 会计核算在处理经济业务时,必须在经济业务发生时及时进行,讲求时效,以便于会计信息的及时利用。这是会计核算的( )原则。

    A. 及时性   B. 可比性

    C. 重要性   D. 相关性

2. 下列账户中反映企业损益的账户是( )。

    A. 利润分配   B. 所得税费用

    C. 本年利润   D. 应付利润

3. 下列会计分录中属于简单会计分录的是( )。

    A. 一借一贷   B. 一借多贷

    C. 一贷多借   D. 多借多贷

4. 工业企业在一定时期内发生的、用货币表现的各种生产耗费,称为( )。

    A. 成本会计对象   B. 生产费用

    C. 产品成本   D. 经营管理费用

5. 调整账户当其余额与被调整账户余额的方向相同时,该调整账户属于( )。

    A. 备抵调整账户   B. 备抵附加调整账户

    C. 附加调整账户   D. 对比调整账户

6. 职工出差的借款单、差旅费报销单,按其填制手续和方法分类属于( )。

    A. 自制原始凭证   B. 外来原始凭证

C. 一次凭证　　　　　　　　　　D. 累计凭证

7. 账簿按外表形式可分为（　　　）。

　　A. 总账、明细账和日记账　　　B. 序时账、分类账和备查账

　　C. 订本账、活页账和卡片账　　D. 明细账、分类账和序时账

8. 科目汇总表的主要缺点是不能反映出（　　　）。

　　A. 借方发生额　　　　　　　　B. 贷方发生额

　　C. 借方和贷方发生额　　　　　D. 科目对应关系

9. 先确定本期发出存货成本，后确定期末存货成本的方法称为（　　　）。

　　A. 权责发生制　　　　　　　　B. 实地盘存制

　　C. 永续盘存制　　　　　　　　D. 收付实现制

10. 已知某企业营业收入 180 万元，营业成本 75 万元，营业税金及附加 5 万元，管理费用 20 万元，财务费用 10 万元，销售费用 5 万元，营业外收入 8 万元，填入损益表中的营业利润是（　　　）。

　　A. 70 万元　　　　　　　　　　B. 65 万元

　　C. 73 万元　　　　　　　　　　D. 78 万元

二、多项选择题

1. 下列各项中属于会计核算基本前提的有（　　　）。

　　A. 持续经营　　　　　　　　　B. 会计主体

　　C. 会计分期　　　　　　　　　D. 货币计量

2. 收入可以表现为（　　　）。

　　A. 资产的增加　　　　　　　　B. 所有者权益的减少

　　C. 负债的减少　　　　　　　　D. 代收款的增加

3. 借贷记账法下账户贷方登记（　　　）。

　　A. 资产增加　　　　　　　　　B. 收入、利润增加

　　C. 费用减少　　　　　　　　　D. 所有者权益增加

4. 下列费用中属于期间费用的有（　　　）。

　　A. 制造费用　　　　　　　　　B. 管理费用

C. 销售费用　　　　　　　D. 财务费用

5. 下列账户中,属于所有者权益类账户的是(　　)。

A. 本年利润　　　　　　　B. 利润分配

C. 应付利润　　　　　　　D. 坏账准备

6. 下列文件中,属于外来原始凭证的有(　　)。

A. 领料单　　　　　　　　B. 购货发票

C. 银行对账单　　　　　　D. 银行付款通知

7. 多栏式明细账适用于(　　)。

A. 应收账款明细分类核算　　B. 生产成本明细分类核算

C. 原材料明细分类核算　　　D. 产品销售收入明细分类核算

8. 规模较大、业务量较多的企业适宜采用的账务处理程序是(　　)。

A. 记账凭证账务处理程序　　B. 科目汇总表账务处理程序

C. 日记总账账务处理程序　　D. 汇总记账凭证账务处理程序

9. 财产清查按照清查的时间可分为(　　)。

A. 全部清查　　　　　　　B. 局部清查

C. 定期清查　　　　　　　D. 不定期清查

10. 在填列资产负债表的"应收账款"项目时,正确的做法是(　　)。

A. 根据"应收账款"总账账户的借方余额填列

B. 将"应收账款"明细账的借方余额填入

C. 将"预收账款"明细账的借方余额并入本项目

D. 将"预付账款"明细账的借方余额并入本项目

三、判断题

1. 根据《企业会计准则》,我国境内企业必须以人民币作为记账本位币进行会计核算。(　　)

2. 会计科目与会计账户是同义词,两者没有什么区别。(　　)

3. 一般而言,费用(成本)类账户结构与权益类账户相同,收入(利润)类账户结构与资产类账户相同。(　　)

4. 收付实现制不考虑收入和费用的收支期间与其应归属期间是否一

致的问题。（　　）

5. 盘存账户的余额总是在借方。（　　）

6. 凡是现金或银行存款减少的经济业务必须填制付款凭证；同理，凡是现金或银行存款增加的经济业务必须填制收款凭证。（　　）

7. 现金日记账可以采用活页式账簿。（　　）

8. 采用汇总记账凭证账务处理程序，不仅可以简化登记总账的工作，而且便于检查和分析经济业务。（　　）

9. 如果银行对账单与企业银行存款日记账账面余额不相符，说明其中一方的记账一定有错误。（　　）

10. 利润表的格式，目前国际上流行的格式主要有账户式和报告式两种。（　　）

四、简答题

1. 财产物资的盘存制度有哪几种？简述其优缺点及适用范围。

2. 什么是平行登记？简述其要点及其结果。

五、练习题

(一)A 公司某年 12 月 21 日有关账户的资料如下：

利润分配	6000（贷方）	固定资产	285000（借方）
本年利润	150000（贷方）	累计折旧	120000（贷方）
应交税费	10000（借方）	预收账款	1000（借方）
应收账款	3000（借方）	其中：	
其中：		——甲公司	3000（贷方）
——A 公司	5000（借方）	——乙公司	4000（贷方）
——B 公司	2000（贷方）	——丙公司	8000（借方）

要求：根据上述资料，计算 A 公司某年 12 月 31 日资产负债表的下列项目：

(1)未分配利润＝

(2)应交税费＝

(3)应收账款＝

(4)预收账款＝

(5)固定资产＝

(二)运用借贷记账法编制会计分录,标明必要的明细科目。

A公司某年12月发生下列经济业务:(可不考虑增值税)

1. 生产车间刘达工程师报销差旅费1800元,原借2000元,余款退回现金。

2. 向科达工厂购进甲材料10吨,每吨1000元,货款尚未支付,甲材料已验收入库,同时用现金500元支付该批材料的运杂费。

3. 出售给信达公司A产品100件,每件售价100元,货款尚未收到。

4. 生产A产品领用甲材料20000元,生产B产品领用乙材料12000元。

5. 出售给万事达公司B产品200件,每件售价150元,货款共计30000元,收到万事达公司签发并承兑的一张面额为15000元,期限为3个月的商业汇票,余款收到,存入银行。

6. 结算本月应付职工薪酬为3000元,其中A产品生产工人薪酬为1200元,B产品生产工人薪酬为800元,生产车间管理人员薪酬为400元,行政管理人员薪酬为600元。

7. 本月应计提固定资产折旧1600元,其中生产车间应提1000元,行政部门应提600元。

8. 将本月发生的制造费用按A、B产品生产工人工资比例分摊计入生产成本。

9. 本月生产的A、B产品全部完工验收入库,结转其实际生产成本。

10. 接开户银行通知,本季度银行存款利息为1000元,已转入存款账户。

11. 结转本月产品销售成本28000元,其中A产品销售成本为8000元,B产品销售成本为20000元。

12. 将本月收入、支出和费用转入"本年利润"账户。

13. 年终决算,企业全年实现利润的按税法规定计算应交所得税为4000元,予以结转。

14. 将所得税转入"本年利润"账户。

15. 将本年净利润转入"利润分配"账户。

参考答案

模拟试卷（一）参考答案

一、单项选择题

1. A	2. C	3. D	4. B
5. B	6. B	7. A	8. D
9. D	10. D		

二、多项选择题

1. A、B、C	2. B、C	3. B、D	4. B、C
5. A、D	6. C、D	7. A、C	8. A、B、C、D
9. A、B、C、D	10. A、C		

三、判断题

1. √	2. ×	3. ×	4. ×
5. ×	6. ×	7. √	8. √
9. ×	10. √		

四、简答题

1. 会计核算方法是对会计对象（会计要素）进行完整的、连续的、系统的反映和监督所应用的方法。主要包括以下七种：(1)设置会计科目；(2)复式记账；(3)填制和审核凭证；(4)登记账簿；(5)成本计算；(6)财产清查；(7)编制会计报表。以上方法相互联系，构成了一个完整的方法体系。就其工作程序和工作过程来说，主要是三个环节：填制和审核凭证、登记账簿和编制会计报表,就是一个会计循环。其基本内容是:经济业务发生后,经办人员要填制或取得原始凭证,经会计人员审核后,按照设置的会计科目,运用复式记账法,编制记账凭证,并据以登记账簿;要依据凭证和账簿记录对生产经营过程中发生的各项费用进行成本计算,并依据财产清查对账簿记录加以核实,在保证账实相符的基础上,定期编制会计报表。

2. 记账凭证账务处理程序的特点是直接根据记账凭证,逐笔登记总分类账,它是最基本的账务处理程序。其账务处理程序为:

(1)根据原始凭证编制汇总原始凭证。

(2)根据各种原始凭证或汇总原始凭证,编制记账凭证。

(3)根据收款凭证、付款凭证逐笔登记现金日记账和银行存款日记账。

(4)根据原始凭证和记账凭证,登记各种明细账。

(5)根据记账凭证逐笔登记总分类账。

(6)月终,将现金日记账、银行存款日记账的余额,以及各种明细分类账户余额合计数,分别与总分类账中有关科目的余额核对相符。

(7)月终,根据审核无误的总分类账和各种明细分类账的记录,编制会计报表。

其优点是简单明了,易于理解,总分类账较详细地记录和反映经济业务的发生情况,缺点是登记总账的工作量较大,一般适用于规模小,经济业务较少的单位。

五、练习题

(一)会计分录

1. 借:固定资产　　　　　　　　　　　50000

　　贷:实收资本　　　　　　　　　　　　50000

2. 借:银行存款　　　　　　　　　　　100000

　　贷:短期借款　　　　　　　　　　　　100000

3. 借:材料采购——甲材料　　　　　　10000

　　　应交税费——应交增值税(进项税额)　1700

　　贷:应付账款——A 单位　　　　　　　11700

4. 借:生产成本——子产品　　　　　　7000

　　　　　——丑产品　　　　　　5000

　　制造费用　　　　　　2000

　　管理费用　　　　　　1000

　　贷:原材料——甲材料　　　　　　15000

5. 借:生产成本——子产品　　　　　　10000

　　　　　——丑产品　　　　　　6000

　　制造费用　　　　　　1000

　　管理费用　　　　　　2500

　　贷:应付职工薪酬　　　　　　19500

6. 借:生产成本——子产品　　　　　　1400

　　　　　——丑产品　　　　　　840

　　制造费用　　　　　　140

　　管理费用　　　　　　350

　　贷:银行存款　　　　　　2730

7. 借:制造费用　　　　　　1500

　　管理费用　　　　　　1200

　　贷:累计折旧　　　　　　2700

8. 借:制造费用　　　　　　360

　　管理费用　　　　　　550

　　贷:银行存款　　　　　　910

9. 借:财务费用　　　　　　1000

　　贷:应付利息　　　　　　1000

10. 分摊率=5000÷(10800+14200)=0.2(元/工时)

子产品应分摊额=14200×0.2=2840(元)

丑产品应分摊额=10800×0.2=2160(元)

借:生产成本——子产品　　　　　　2840

　　　　　——丑产品　　　　　　2160

```
    贷:制造费用                    5000
11. 借:产成品——丑产品           14000
      贷:生产成本——丑产品              14000
12. 借:银行存款                  15000
      贷:预收账款——B公司               15000
13. 借:主营业务收入              80000
    营业外收入                  17000
      贷:本年利润                       97000
14. 借:本年利润                  67000
      贷:主营业务成本                    50000
    销售费用                          5000
    营业税金及附加                    2400
    管理费用                          5600
    财务费用                          1000
    营业外支出                        3000
15. 借:所得税费用                7500
      贷:应交税费——所得税              7500
    借:本年利润                  7500
      贷:所得税费用                     7500
```

(二)编表题

1.

银行存款余额调节表

年　　月　　日

项　　目	金额	项　　目	金额
企业银行存款日记账余额	186000	银行对账单余额	164800
加:银行已收企业未收款	15000	加:企业已收银行未收款	20000
减:银行已付企业未付款	24200	减:企业已付银行未付款	8000
调节后的存款余额	176800	调节后的存款余额	176800

2.

序　号	权责发生制		收付实现制	
	收入	费用	收入	费用
1	70000		70000	
2	30000			
3				12000
4			15000	
5		20000		20000

模拟试卷(二)参考答案

一、单项选择题

1. C　　　　2. B　　　　3. D　　　　4. B

5. D　　　　6. A　　　　7. B　　　　8. B

9. A　　　　10. D

二、多项选择题

1. B、C　　　2. A、C、D　　3. A、B　　　4. B、C、D

5. C、D　　　6. A、C、D　　7. A、B、C、D　8. A、B

9. A、B、D　　10. A、C、D

三、判断题

1. √　　　　2. √　　　　3. ×　　　　4. ×

5. √　　　　6. ×　　　　7. ×　　　　8. √

9. √　　　　10. ×

四、简答题

1. 会计等式为"资产＝负债＋所有者权益"。经济业务发生后,引起资产、负债和所有者权益的增减变化,不外乎以下四种类型:

(1)经济业务发生,引起资产项目之间此增彼减,增减金额相等。

（2）经济业务发生，引起权益（负债和所有者权益）之间此增彼减，增减金额相等。

（3）经济业务发生，引起资产项目和权益（负债和所有者权益）项目之间同时增加，双方增加的金额相等。

（4）经济业务发生，引起资产和权益（负债和所有者权益）项目之间同时减少，双方减少的金额相等。

因此，任何经济业务发生，都不会破坏资产与权益（负债及所有者权益）的平衡关系。

2. 对账是对账簿进行的核对工作，主要包括：

（1）账证核对，是根据各种账簿记录与记账凭证及其所附的原始凭证进行核对。

（2）账账核对，是指各种账簿之间的有关数字进行核对，主要包括：

1）总账各账户本期借方发生额合计数与贷方发生额合计数是否相等；

2）总账各账户余额与其所属有关明细分类账各账户余额合计数是否相等；

3）现金日记账和银行存款日记账的余额与总账各该账户余额是否相等；

4）会计部门有关财产物资明细账余额与财产物资保管部门或使用部门的登记簿所记录的内容核对。

（3）账实核对，是指各种财产物资的账面余额与实存数额相核对，主要包括：

1）现金日记账账面余额与现金实际库存数相核对；

2）银行存款日记账面余额与开户银行账目相核对；

3）各种材料物资明细账账面余额与材料物资实存数相核对；

4）各种应收应付明细账账面余额与有关债权债务单位的账目相核对。

五、练习题

（一）会计分录

1. 借：材料采购（或材料）　　　　　　　　150000

　　　　　应交税费——应交增值税（进项税额）　25500

　　　　　贷:应付账款——A 单位　　　　　　175500

2. 借:生产成本——甲产品　　　　　　　　14000

　　　生产成本——乙产品　　　　　　　　10000

　　　制造费用　　　　　　　　　　　　　5000

　　　管理费用　　　　　　　　　　　　　2000

　　　贷:原材料　　　　　　　　　　　　　31000

3. 借:生产成本——甲产品　　　　　　　　11000

　　　生产成本——乙产品　　　　　　　　8000

　　　制造费用　　　　　　　　　　　　　1500

　　　管理费用　　　　　　　　　　　　　3500

　　　贷:应付职工薪酬　　　　　　　　　　24000

4. 借:制造费用　　　　　　　　　　　　　2500

　　　管理费用　　　　　　　　　　　　　2000

　　　贷:累计折旧　　　　　　　　　　　　4500

5. 借:财务费用　　　　　　　　　　　　　2500

　　　贷:应付利息　　　　　　　　　　　　2500

6. 分摊率 $=\dfrac{9000}{10000+8000}=0.5$（元/工时）

甲产品应分摊额 $=10000\times0.5=5000$（元）

乙产品应分摊额 $=8000\times0.5=4000$（元）

借:生产成本——甲产品　　　　　　　　5000

　　生产成本——乙产品　　　　　　　　4000

　　贷:制造费用　　　　　　　　　　　　9000

7. 借:产成品——甲产品　　　　　　　　　30000

　　　产成品——乙产品　　　　　　　　　22000

　　　贷:生产成本——甲产品　　　　　　　30000

　　　　　生产成本——乙产品　　　　　　　22000

8. 借:应收账款——A 单位　　　　　　　90090

　　　贷:主营业务收入　　　　　　　　　77000

　　　　应交税费——增值税(销项税额)　13090

9. 借:销售费用　　　　　　　　　　　　5000

　　　贷:银行存款　　　　　　　　　　　5000

10. 借:主营业务成本　　　　　　　　　　47000

　　　贷:产成品——甲产品　　　　　　　27000

　　　　　　——乙产品　　　　　　　　20000

11. 借:营业税金及附加　　　　　　　　　2300

　　　贷:应交税费　　　　　　　　　　　2300

12. 借:其他应付款　　　　　　　　　　　8800

　　　贷:营业外收入　　　　　　　　　　8800

13. 借:营业外支出　　　　　　　　　　　1500

　　　贷:银行存款　　　　　　　　　　　1500

14. 借:主营业务收入　　　　　　　　　　77000

　　　营业外收入　　　　　　　　　　　8800

　　　贷:本年利润　　　　　　　　　　　85800

15. 借:本年利润　　　　　　　　　　　　65800

　　　贷:主营业务成本　　　　　　　　　47000

　　　　销售费用　　　　　　　　　　　5000

　　　　营业税金及附加　　　　　　　　2300

　　　　管理费用　　　　　　　　　　　7500

　　　　财务费用　　　　　　　　　　　2500

　　　　营业外支出　　　　　　　　　　1500

16. 借:所得税费用　　　　　　　　　　　5000

　　　贷:应交税费　　　　　　　　　　　5000

　　借:本年利润　　　　　　　　　　　　5000

　　　贷:所得税费用　　　　　　　　　　5000

(二)根据以上资料编制下列利润表

利润表

年　　月

项　　目	金　　额
一、营业收入	77000
减:营业成本	47000
营业税金及附加	2300
销售费用	5000
管理费用	7500
财务费用	2500
资产减值损失	—
加:公允价值变动收益	—
投资收益	—
二、营业利润	12700
加:营业外收入	8800
减:营业外支出	1500
三、利润总额	20000
减:所得税费用	5000
四、净利润	15000

模拟试卷(三)参考答案

一、单项选择题

1. A　　　　2. A　　　　3. B　　　　4. D

5. B　　　　　6. D　　　　　7. C　　　　　8. D

9. B　　　　　10. C

二、多项选择题

1. A、D　　　　2. A、B、C、D　　3. A、B、D　　　4. A、B、D

5. A、B、C、D　6. C、D　　　　7. A、B、D　　　8. B、C

9. A、B、C　　10. A、B、C、D

三、判断题

1. √　　　　　2. ×　　　　　3. ×　　　　　4. ×

5. √　　　　　6. ×　　　　　7. ×　　　　　8. √

9. √　　　　　10. √

四、简答题

1. 会计要素即会计对象的具体化。包括资产、负债、所有者权益、收入、费用、利润六要素。

资产是指企业过去的交易或者事项形成的、由企业拥有或者控制的、预期会给企业带来经济利益的资源。

负债是指企业过去的交易或者事项形成的、预期会导致经济利益流出企业的现时义务。

所有者权益是指企业资产扣除负债后由所有者享有的剩余权益。

收入是指企业在日常活动中形成的、会导致所有者权益增加的、与所有者投入资本无关的经济利益的总流入。

费用是指企业在日常活动中发生的、会导致所有者权益减少的、与向所有者分配利润无关的经济利益的总流出。

利润是指企业在一定会计期间的经营成果。利润包括收入减去费用后的净额、直接计入当期利润的利得和损失等。它们之间的关系是"资产＝负债＋所有者权益","收入－费用＝利润"。

2. 财产物资的盘存制度有两种,即永续盘存制和实地盘存制。

永续盘存制(账面盘存制)采用这种方法,平时对各项财产物资的增加数和减少数,都要根据会计凭证连续记入有关账簿,并且随时结出账面余

额。其优点是:(1)财产物资的进出都有严密的手续,便于加强会计监督;
(2)便于随时掌握财产物资的占用情况及其动态,有利于加强对财产物资的
管理。缺点是账簿中的记录都是根据会计凭证登记的,可能发生账实不符
的情况。

实地盘存制,采用这种方法平时只对会计凭证在账簿中登记财产物资
的增加数,不登记减少数,到月末,对各项财产物资进行盘点,根据实地盘点
所确定的实存数,倒挤出本月各项财产物资减少数。其优点是工作简单、工
作量小。缺点是各项财产物资的减少数没有严密的手续,所以非特殊原因,
一般情况下不宜采用。

五、练习题

(一)会计分录

1. 借:材料采购——甲材料　　　　　　　　20000

　　　　　　——乙材料　　　　　　　　60000

　　应交税费——应交增值税(进项税额)　13600

　　贷:应付账款——A单位　　　　　　　　　　93600

　借:原材料——甲材料　　　　　　　　　　20000

　　　　　——乙材料　　　　　　　　　　60000

　　贷:材料采购——甲材料　　　　　　　　　　20000

　　　　　　　——乙材料　　　　　　　　　　60000

　〔或借:原材料——甲材料　　　　　　　　20000

　　　　　　——乙材料　　　　　　　　　　60000

　　应交税费——应交增值税(进项税额)　13600

　　　贷:应付账款——A单位　　　　　　　　　93600〕

2. 借:材料采购——甲材料　　　　　　　　60000

　　　　　　——乙材料　　　　　　　　　　90000

　　应交税费——应交增值税(进项税额)　22500

　　贷:银行存款　　　　　　　　　　　　　172500

3. 分摊率=1800÷(3000+6000)=0.2(元/千克)

甲材料应分摊额＝3000×0.2＝600(元)

乙材料应分摊额＝6000×0.2＝1200(元)

借:材料采购——甲材料　　　　　　600

　　　　——乙材料　　　　　　1200

　贷:银行存款　　　　　　　　　　　1800

4. 借:材料——甲材料　　　　　　　60600

　　　　——乙材料　　　　　　　91200

　　贷:材料采购——甲材料　　　　　　60600

　　　　　　——乙材料　　　　　　　91200

5. 借:生产成本　　　　　　　　80000

　　制造费用　　　　　　　　11000

　　管理费用　　　　　　　　25000

　贷:原材料——甲材料　　　　　　46000

　　　　——乙材料　　　　　　70000

6. 借:生产成本　　　　　　　　70000

　　制造费用　　　　　　　　20000

　　管理费用　　　　　　　　35000

　贷:应付职工薪酬　　　　　　　125000

7. 借:生产成本　　　　　　　　9800

　　制造费用　　　　　　　　2800

　　管理费用　　　　　　　　4900

　贷:银行存款　　　　　　　　　17500

8. 借:制造费用　　　　　　　　8500

　　管理费用　　　　　　　　3500

　贷:累计折旧　　　　　　　　　12000

9. 借:制造费用　　　　　　　　2700

　　管理费用　　　　　　　　1600

　贷:银行存款　　　　　　　　　4300

10. 借:财务费用　　　　　　　　　3000
　　　贷:应付利息　　　　　　　　　　　　3000
11. 借:生产成本　　　　　　　　　45000
　　　贷:制造费用　　　　　　　　　　　　45000
12. 借:产成品　　　　　　　　　204800
　　　贷:生产成本　　　　　　　　　　　204800
13. 借:应收账款——B单位　　　　280800
　　　贷:主营业务收入　　　　　　　　　240000
　　　　　应交税费——应交增值税(销项税额) 40800
14. 借:主营业务成本　　　　　　　163840
　　　贷:产成品　　　　　　　　　　　　163840
15. 借:销售费用　　　　　　　　　6160
　　　贷:银行存款　　　　　　　　　　　　6160
16. 借:所得税费用　　　　　　　　17500
　　　贷:应交税费　　　　　　　　　　　　17500
　　借:本年利润　　　　　　　　　17500
　　　贷:所得税费用　　　　　　　　　　　17500

(二)编表题

材料		材料——甲		材料——乙	
				10000	
30000		20000			
80000	116000	20000	46000	60000	70000
151800		60600		91200	
231800	116000	80600	46000	151200	70000
145800		54600		91200	

总分类账户与明细分类账户发生额及余额对照表

名称	期初余额		本期发生额		期末余额	
	借方	贷方	借方	贷方	借方	贷方
甲材料	20000		80600	46000	54600	
乙材料	10000		151200	70000	91200	
材料总账	30000		231800	116000	145800	

模拟试卷(四)参考答案

一、单项选择题

1. B	2. A	3. C	4. C
5. B	6. B	7. B	8. A
9. A	10. C		

二、多项选择题

1. B、C、D	2. A、B、C	3. A、B、C、D	4. B、D
5. A、B、C	6. A、C、D	7. A、B、C、D	8. A、B、C、D
9. A、B、C、D	10. A、B、D		

三、判断题

1. ×	2. ×	3. √	4. √
5. ×	6. √	7. √	8. ×
9. ×	10. ×		

四、简答题

1. 调整账户是用来调整被调整账户的余额,以求得被调整账户的实际余额而设置的账户。

调整账户按其调整方式不同,可以分为备抵账户、附加账户和备抵附加账户三类。

备抵账户(抵减账户)是用来抵减被调整账户余额,以取得被调整账户实际余额的账户。其调整方式为：

被调整账户余额－调整账户余额＝被调整账户的实际余额

被调整账户的余额与备抵账户的余额的方向一定相反。

附加账户是用来增加被调整账户的余额，以求得被调整账户的实际余额的账户。其调整方式为：

被调整账户余额＋调整账户余额＝被调整账户实际余额

被调整账户的余额与附加账户的余额的方向一定相同。

备抵附加账户是既可以用来抵减，又可以用来附加被调整账户的余额，以求得被调整账户实际余额的账户。这类账户属双重性质账户，兼有备抵账户和附加账户的功能，但不能同时起两种作用。

2. 财务报表的编制要求。

(1)全面完整。

全面完整包括经济业务全面、报表齐全和形式完整。

(2)数字真实。

为保证财务报表的真实，应做到如下几点：

1)编制财务报表，应当根据真实的交易、事项以及完整、准确的账簿记录等资料。

2)在编制财务报表之前，应认真核对账簿记录，做到账证相符、账账相符。

3)各单位应定期进行财产清查，对各项财产物资、货币资金和往来款项进行盘点、核实，在账实相符的基础上编制财务报表。

4)在编制财务报表时，要核对报表之间的数字，各种报表之间，以及同一报表各项目指标之间，有勾稽关系的数字都要核对相符，本期与上期之间的数字应相互衔接一致，本年度与上年度之间的相关指标数字应衔接一致。

5)财务报表的填列，以人民币"元"为金额单位，"元"以下填至"分"。

(3)编报及时。

(4)便于理解。

五、练习题

(一)会计分录

1. 借:固定资产　　　　　　　　　　　50000

　　　贷:实收资本　　　　　　　　　　　　50000

2. 借:材料采购(原材料)　　　　　　120000

　　　应交税费——增值税(进项税额)　20400

　　　贷:应付账款——A 单位　　　　　　140400

3. 借:生产成本——甲材料　　　　　　50000

　　　　　　　　——乙材料　　　　　　40000

　　　制造费用　　　　　　　　　　　　8000

　　　管理费用　　　　　　　　　　　　12000

　　　贷:原材料　　　　　　　　　　　　110000

4. 借:生产成本——甲材料　　　　　　60000

　　　　　　　　——乙材料　　　　　　70000

　　　制造费用　　　　　　　　　　　　10000

　　　管理费用　　　　　　　　　　　　30000

　　　贷:应付职工薪酬　　　　　　　　　170000

5. 借:生产成本——甲材料　　　　　　8400

　　　　　　　　——乙材料　　　　　　9800

　　　制造费用　　　　　　　　　　　　1400

　　　管理费用　　　　　　　　　　　　4200

　　　贷:银行存款　　　　　　　　　　　23800

6. 借:制造费用　　　　　　　　　　　4600

　　　管理费用　　　　　　　　　　　　2500

　　　贷:累计折旧　　　　　　　　　　　7100

7. 借:制造费用　　　　　　　　　　　1000

　　　管理费用　　　　　　　　　　　　1300

　　　贷:银行存款　　　　　　　　　　　2300

8. 借:财务费用　　　　　　　　　　　　　600

　　　应付利息　　　　　　　　　　　　　1200

　　　　贷:银行存款　　　　　　　　　　　　　1800

（或借:财务费用　　　　　　　　　　　　600

　　　　贷:应付利息　　　　　　　　　　　　　600

　　借:应付利息　　　　　　　　　　　　　1800

　　　　贷:银行存款　　　　　　　　　　　　　1800）

9. 分摊率＝25000÷(23200＋26800)＝0.5(元/工时)

　　甲产品应分摊额＝23200×0.5＝11600(元)

　　乙产品应分摊额＝26800×0.5＝13400(元)

　　借:生产成本——甲产品　　　　　　　　11600

　　　　　　——乙产品　　　　　　　　13400

　　　　贷:制造费用　　　　　　　　　　　　25000

10. 借:产成品——甲产品　　　　　　　　130000

　　　　贷:生产成本——甲产品　　　　　　　130000

11. 借:应收账款——B单位　　　　　　　149760

　　　　贷:主营业务收入　　　　　　　　　128000

　　　　　　应交税费——应交增值税(销项税额)　21760

12. 借:销售费用　　　　　　　　　　　　4000

　　　　贷:银行存款　　　　　　　　　　　　4000

　　借:主营业务成本　　　　　　　　　　104000

　　　　贷:产成品　　　　　　　　　　　　104000

13. 借:主营业务收入　　　　　　　　　　128000

　　　　贷:本年利润　　　　　　　　　　　128000

　　借:本年利润　　　　　　　　　　　　108000

　　　　贷:主营业务成本　　　　　　　　　104000

　　　　　　销售费用　　　　　　　　　　　4000

14. 借:所得税费用　　　　　　　　　　　5000

　　　　贷：应交税费——所得税　　　　　　　5000

　　　　借：本年利润　　　　　　　5000

　　　　　　贷：所得税费用　　　　　　　5000

　　15.　借：利润分配——提取盈余公积　　1500

　　　　　　贷：盈余公积　　　　　　　1500

　　16.　借：利润分配——应付利润　　　　8000

　　　　　　贷：应付利润　　　　　　　8000

(二)编表题

产品成本明细账

产品名称：甲产品　　　　　　　　　　　　　　　　　单位：元

项　目	产量(件)	原材料	职工薪酬	制造费用	合计
本月生产费用		50000	68400	11600	130000
结转完工产品成本	1000	50000	68400	11600	130000
完工产品单位成本		50000	68400	11600	130000

产品成本明细账

产品名称：乙产品　　　　　　　　　　　　　　　　　单位：元

项　目	产量(件)	原材料	职工薪酬	制造费用	合计
本月生产费用		40000	79800	13400	133200
月末在产品成本		40000	79800	13400	133200

模拟试卷(五)参考答案

一、单项选择题

1. A　　　　2. B　　　　3. A　　　　4. B

5. C　　　　6. C　　　　7. C　　　　8. D

9. C　　　　10. B

二、多项选择题

1. A、B、C、D　　2. A、C　　　　3. B、C、D　　　　4. B、C、D

5. A、B　　　　　6. B、D　　　　7. A、B、D　　　　8. B、D

9. C、D　　　　　10. B、C

三、判断题

1. ×　　　　2. ×　　　　3. ×　　　　4. √

5. √　　　　6. ×　　　　7. ×　　　　8. √

9. ×　　　　10. ×

四、简答题

1. 财产物资的盘存制度有两种,即永续盘存制和实地盘存制。

永续盘存制(账面盘存制),采用这种方法,平时对各项财产物资的增加数和减少数,都要根据会计凭证连续记入有关账簿,并且随时结出账面余额。其优点是:①财产物资的进出都有严密的手续,便于加强会计监督;②便于随时掌握财产物资的占用情况及其动态,有利于加强对财产物资的管理。其缺点是账簿中的记录都是根据会计凭证登记的,可能发生账实不符的情况。

实地盘存制,采用这种方法平时会计凭证在账簿中只登记财产物资的增加数,不登记减少数,到月末,对各项财产物资进行盘点,根据实地盘点所确定的实存数,倒挤出本月各项财产物资减少数。其优点是工作简单、工作量小。其缺点是各项财产物资的减少数没有严密的手续,所以非特殊原因,一般情况下不宜采用。

2. 平行登记是指对发生的业务在总账和明细账中的登记方法。其要点是:

(1)登记的期间一致。

(2)登记的方向相同。

(3)登记的金额相等。

其结果是:

总分类账户的余额＝其所属明细分类账的余额合计

总分类账户的本期发生额＝其所属明细账的本期发生额合计

五、练习题

(一)

(1)未分配利润＝156000(元)

(2)应交税费＝－10000(元)

(3)应收账款＝13000(元)

(4)预收账款＝9000(元)

(5)固定资产＝165000(元)

(二)

1. 借:制造费用　　　　　　　　　　　　1800

　　库存现金　　　　　　　　　　　　　 200

　　　贷:其他应收款——刘达　　　　　　　　　2000

2. 借:原材料——甲材料　　　　　　　 10500

　　　贷:应付账款——科达公司　　　　　　　10000

　　　　库存现金　　　　　　　　　　　　　 500

3. 借:应收账款——信达公司　　　　　 10000

　　　贷:主营业务收入　　　　　　　　　　　10000

4. 借:生产成本——A 产品　　　　　　 20000

　　　　　　——B 产品　　　　　　　 12000

　　　贷:原材料——甲材料　　　　　　　　　20000

　　　　　　——乙材料　　　　　　　　　　12000

5. 借:应收票据　　　　　　　　　　　 15000

　　银行存款　　　　　　　　　　　　 15000

　　　贷:主营业务收入　　　　　　　　　　　30000

6. 借:生产成本——A 产品　　　　　　　1200

　　　　　　——B 产品　　　　　　　　 800

　　制造费用　　　　　　　　　　　　　 400

　　管理费用　　　　　　　　　　　　　 600

　　　　　贷:应付职工薪酬　　　　　　　　　3000

7. 借:制造费用　　　　　　　　　　　　1000

　　　管理费用　　　　　　　　　　　　600

　　　贷:累计折旧　　　　　　　　　　　1600

8. 借:生产成本——A 产品　　　　　　1920

　　　　　　　——B 产品　　　　　　1280

　　　贷:制造费用　　　　　　　　　　3200

9. 借:产成品——A 产品　　　　　　　23120

　　　　　　——B 产品　　　　　　　14080

　　　贷:生产成本——A 产品　　　　　23120

　　　　　　　　　——B 产品　　　　14080

10. 借:银行存款　　　　　　　　　　　1000

　　　贷:财务费用　　　　　　　　　　　1000

11. 借:主营业务成本　　　　　　　　　28000

　　　贷:产成品——A 产品　　　　　　20000

　　　　　　　——B 产品　　　　　　8000

12. ①借:主营业务收入　　　　　　　　40000

　　　贷:本年利润　　　　　　　　　　40000

　　　②借:本年利润　　　　　　　　　28200

　　　贷:主营业务成本　　　　　　　　28000

　　　　　管理费用　　　　　　　　　　1200

　　　　　财务费用　　　　　　　　　　-1000

13. 借:所得税费用　　　　　　　　　　4000

　　　贷:应交税费——应交所得税　　　4000

14. 借:本年利润　　　　　　　　　　　4000

　　　贷:所得税费用　　　　　　　　　4000

15. 借:本年利润　　　　　　　　　　　7800

　　　贷:利润分配——未分配利润　　　7800

阅读参考书目

1. 朱小平、肖镜元:《初级会计学》,中国人民大学出版社,1999 年。

2. 王俊生:《基础会计学》,中国财政经济出版社,1999 年。

3. 吴水澎:《会计学原理》,辽宁人民出版社,2000 年。

4. 郭道扬、朱小平:《初级会计学》,经济科学出版社,2000 年。

5. 中华人民共和国财政部:《企业会计制度》,经济科学出版社, 2001 年。

6. 阎德玉:《会计学原理》,中国财政经济出版社,2001 年。

7. 魏明海、谭燕:《基础会计学》,广东人民出版社,2002 年。

8. 欧阳爱平:《会计学原理》,经济科学出版社,2002 年。

9. 娄尔行:《基础会计》,上海财经大学出版社,2002 年。

10. 廖洪:《会计学原理》,武汉大学出版社,2003 年。

11. 赵德武:《会计学原理》,东北财经大学出版社,2003 年。

12. 伍中信:《基础会计学》,中南大学出版社,2004 年。

13. 陈少华:《会计学原理》,厦门大学出版社,2004 年。

14. 刘玉勋:《会计学原理》,机械工业出版社,2004 年。

15. 唐国平、张琦、龚翔:《会计学原理》,清华大学出版社,2005 年。

16. 中华人民共和国财政部:《企业会计准则(2006)》,经济科学出版社,2006 年。

　　　贷:应付职工薪酬　　　　　　　　　　　　　　3000

7. 借:制造费用　　　　　　　　　　　　　　　　1000

　　　管理费用　　　　　　　　　　　　　　　　　600

　　　贷:累计折旧　　　　　　　　　　　　　　　1600

8. 借:生产成本——A产品　　　　　　　　　　　1920

　　　　　　　——B产品　　　　　　　　　　　1280

　　　贷:制造费用　　　　　　　　　　　　　　　3200

9. 借:产成品——A产品　　　　　　　　　　　23120

　　　　　　　——B产品　　　　　　　　　　14080

　　　贷:生产成本——A产品　　　　　　　　　23120

　　　　　　　　　——B产品　　　　　　　　14080

10. 借:银行存款　　　　　　　　　　　　　　　　1000

　　　贷:财务费用　　　　　　　　　　　　　　　1000

11. 借:主营业务成本　　　　　　　　　　　　　28000

　　　贷:产成品——A产品　　　　　　　　　　20000

　　　　　　　——B产品　　　　　　　　　　　8000

12. ①借:主营业务收入　　　　　　　　　　　　40000

　　　　贷:本年利润　　　　　　　　　　　　　40000

　　　②借:本年利润　　　　　　　　　　　　　28200

　　　　贷:主营业务成本　　　　　　　　　　　28000

　　　　　管理费用　　　　　　　　　　　　　　1200

　　　　　财务费用　　　　　　　　　　　　　　-1000

13. 借:所得税费用　　　　　　　　　　　　　　　4000

　　　贷:应交税费——应交所得税　　　　　　　　4000

14. 借:本年利润　　　　　　　　　　　　　　　　4000

　　　贷:所得税费用　　　　　　　　　　　　　　4000

15. 借:本年利润　　　　　　　　　　　　　　　　7800

　　　贷:利润分配——未分配利润　　　　　　　　7800

阅读参考书目

1. 朱小平、肖镜元：《初级会计学》，中国人民大学出版社，1999 年。

2. 王俊生：《基础会计学》，中国财政经济出版社，1999 年。

3. 吴水澎：《会计学原理》，辽宁人民出版社，2000 年。

4. 郭道扬、朱小平：《初级会计学》，经济科学出版社，2000 年。

5. 中华人民共和国财政部：《企业会计制度》，经济科学出版社，2001 年。

6. 阎德玉：《会计学原理》，中国财政经济出版社，2001 年。

7. 魏明海、谭燕：《基础会计学》，广东人民出版社，2002 年。

8. 欧阳爱平：《会计学原理》，经济科学出版社，2002 年。

9. 娄尔行：《基础会计》，上海财经大学出版社，2002 年。

10. 廖洪：《会计学原理》，武汉大学出版社，2003 年。

11. 赵德武：《会计学原理》，东北财经大学出版社，2003 年。

12. 伍中信：《基础会计学》，中南大学出版社，2004 年。

13. 陈少华：《会计学原理》，厦门大学出版社，2004 年。

14. 刘玉勋：《会计学原理》，机械工业出版社，2004 年。

15. 唐国平、张琦、龚翔：《会计学原理》，清华大学出版社，2005 年。

16. 中华人民共和国财政部：《企业会计准则（2006）》，经济科学出版社，2006 年。